Sirilei Steffen Gambin

Desperte para a
INTELIGÊNCIA ESPIRITUAL
e faça sua jornada
valer a pena

Inspirado nos ensinamentos de *Um Curso em Milagres*

2ª edição / Porto Alegre-RS / 2021

Coordenação editorial: Maitê Cena
Capa e projeto gráfico: Marco Cena
Revisão: Gaia Revisão Editorial
Produção editorial: Jorge Meura
Produção gráfica: André Luis Alt

Dados Internacionais de Catalogação na Publicação (CIP)

G113d Gambin, Sirilei Steffen
Desperte para a Inteligência espiritual e faça sua jornada valer a pena. / Sirilei Steffen Gambin. – 2.ed. Porto Alegre: BesouroBox, 2021.
200 p.; 16 x 23 cm

ISBN: 978-65-88737-36-1

1. Espiritualidade. 2. Autoajuda. 3. Inteligência espiritual. I. Título.

CDU 159.923.2

Bibliotecária responsável Kátia Rosi Possobon CRB10/1782

Copyright © Sirilei Steffen Gambin, 2021.

Todos os direitos desta edição reservados a
Edições BesouroBox Ltda.
Rua Brito Peixoto, 224 - CEP: 91030-400
Passo D'Areia - Porto Alegre - RS
Fone: (51) 3337.5620
www.besourobox.com.br

Impresso no Brasil
Março de 2021.

*"Há, em ti, uma luz que o mundo não pode perceber.
E com os olhos do mundo não verás essa luz, pois estás cego
pelo mundo. No entanto, tens olhos para vê-la.
Ela está aí para que a contemples"
(UCEM L-pI.189.1:1-4).*

Gratidão

À Inteligência Espiritual que habita em mim, que nunca me deixa só, que literalmente segura minha mão e me ajuda a lembrar Quem Sou, me conduzindo no caminho de volta para casa.

Aos meus espelhos: meus pais, meu cônjuge, meus filhos, minha família, meus amigos, meus colaboradores e colegas de estudo; cito aqui a querida professora Inge Gaviraghi, que sempre me auxilia na compreensão e prática do curso.

A todos os místicos buscadores da verdade que nunca se conformaram com menos do que o Despertar da Mente.

"Quando te encontras com qualquer um, lembra-te de que é um encontro santo. Assim como tu o vires, verás a ti mesmo. Assim como o tratares, tratarás a ti mesmo. Assim como pensares dele, pensarás de ti mesmo. Nunca te esqueças disso, pois nele acharás a ti mesmo ou te perderás. Sempre que dois Filhos de Deus se encontram, lhes é dada mais uma chance de salvação. Não deixes ninguém sem lhe dar a salvação e sem recebê-la tu mesmo. Pois eu estou aí contigo todos os dias, em tua memória" (UCEM T-8.III.4).

SUMÁRIO

Palavras iniciais 9
O que este livro pretende? 10
1. Fomos criados para ser felizes 13
2. Antes de começarmos 18
3. Despertar 23
4. Aprendiz feliz 28
5. A verdade ou a Verdade 35
6. A Voz da Razão 39
7. Será que somos livres? 48
8. A divisão na mente 55
9. Uma atitude humilde 65
10. Quem Sou Eu? 74
11. Reconhecer nossa grandeza 85
12. Espelho, espelho meu 96

13. O tempo do sofrimento acabou 105
14. A constante sensação de ameaça 115
15. Somos inocentes 128
16. A função especial 138
17. O desejo de ser especial 143
18. Milagres já 154
19. O verdadeiro Perdão 162
20. O processo de perdão 171
21. O Perdão em um nível mais profundo 186
22. A jornada se torna uma oração 189
23. O que importa é estar no caminho 194

Palavras iniciais

Sim, este livro está no meu roteiro e no seu, pois, agora, você está lendo estas páginas. Não tenho ideia do que vem pela frente. Não sei nem por onde começar, porém, tenho algumas certezas...

Eu quero aprender a Paz e a Alegria que brotam da Fonte – Deus –, portanto, é isso que eu me proponho a ensinar.

Partindo desse personagem chamado Sirilei, eu nada tenho a dizer e nada tenho a ensinar.

Minha vontade mais profunda é sair da frente, para permitir que a Inteligência Espiritual tome a direção e seja nossa guia.

A Mente que somos nos reúne aqui para que, juntos, possamos despertar.

Meu desejo é que possamos soltar o medo e nos lembrar que só o Amor é real.

"Eu estou aqui só para ser verdadeiramente útil.

Eu estou aqui para representar Aquele que me enviou.

Eu não tenho que me preocupar com o que dizer ou o que fazer, porque Aquele que me enviou me dirigirá.

Eu estou contente em estar onde quer que Ele deseje, sabendo que Ele vai comigo.

Eu serei curado na medida em que eu permitir que Ele me ensine a curar" (UCEM T-V.18, p. 2-6).

O QUE ESTE LIVRO PRETENDE?

*"O teu Ser não necessita de salvação, mas a tua mente
precisa aprender o que é a salvação"*
(*UCEM* T-11.IV.1:3).

Já somos iluminados, no entanto, é claro, que estamos muito esquecidos de nossa realidade. Este livro pretende ser um assistente na sua jornada, relembrando, facilitando, auxiliando e demonstrando que ser feliz não depende de algo que acontece no mundo, e também não vem de um lugar ou um comportamento; ser feliz é compreender que existe uma saída do labirinto e que estar no caminho em direção a ela é o que nos faz felizes de verdade. É preciso questionar as ilusões, desmontando o ego e despertando do sonho de separação e sofrimento por meio da liberação do medo e da culpa.

Para começar, precisamos resgatar o elo aparentemente perdido entre nós e a Inteligência Espiritual. Sem a ajuda dessa instância mental de Sabedoria e Amor, não conseguiríamos nos lembrar de Quem Somos e não nos libertaríamos jamais das correntes ilusórias do ego. Continuaríamos a ser personagens desempenhando um papel predeterminado no teatro desta existência.

Este pequeno livro está baseado nos princípios de *Um curso em milagres (UCEM)*, uma obra de autoestudo incrivelmente sábia, como se fosse um *coach* poderoso, que nos ensina a reconhecer onde estamos, ponto A, o quão infelizes e miseráveis nos sentimos e nos mostra o mapa por meio do qual poderemos chegar ao ponto B, esse lugar onde habita a Paz Perfeita e a Alegria Serena. Isso ocorre aqui mesmo, nesta vida, neste lugar, sem precisarmos trocar de parceiro, de trabalho ou mudar absolutamente nada à nossa volta.

Despertar é lembrar Quem Somos. Já estamos despertos, só que negamos isso consistentemente devido a um tipo de alucinação coletiva que nos faz repetir em ciclos um programa mental de conflito. O UCEM nos leva a tornar consciente esse estado de alienação em que nos encontramos e a ampliar a nossa consciência a um estado desperto no qual o mundo se torna uma sala de aula onde passamos a desempenhar com Alegria nossa única função: perdoar. Com a prática cotidiana do perdão, vamos gradativamente soltando o medo, e a culpa vai se desfazendo. Assim, passamos a viver em um estado mais lúcido, com muito mais calma e contentamento, um estado de Paz que o curso chama de "sonho feliz" ou "mundo real".

A prática consistente do perdão verdadeiro ensinado pelo *UCEM* é como uma bússola, ou melhor dizer, um GPS, que amorosamente vai corrigindo nossa rota. Contar com esse GPS vai desenvolvendo a nossa confiança e já não corremos o risco de nos perdermos para sempre nesse labirinto de ilusões, medo e culpa. Passamos então a caminhar com a certeza de que estamos sendo amorosamente acompanhados e guiados por uma Inteligência que não é deste mundo. O despertar, que antes nos dava medo, passa a ser algo desejado. Ele é comparado a uma leve brisa de verão e ao cantar dos pássaros na primavera, prenunciando a abertura das flores.

Assim, podemos concluir que o caminho que iremos percorrer não tem distância, vamos indo de A a B, em direção ao centro, nosso Lar, o lugar de onde nunca saímos. Vamos ampliando o nível de consciência até chegar à Paz, que transcende o entendimento, e ao estado de Graça, que é nossa herança natural.

Este livro pretende ser um facilitador da compreensão e prática do perdão verdadeiro e do estudo de *Um curso em milagres*, ajudando muito à medida que você se identificar com o meu personagem.

Quero deixar claro que eu, Sirilei, não tenho nada a ensinar, e que somente existe um professor, que é a Inteligência Espiritual, ou, como o UCEM chama, o Espírito Santo.

"A cura é a liberação do medo de despertar e a sua substituição pela decisão de acordar"
(*UCEM* T-8.IX.5:1).

1
Fomos criados para ser felizes

Sempre quis ser feliz. Algo dentro de mim sabia que essa é a nossa Verdade. Todos nós que estamos aqui neste mundo queremos isso; acordamos de manhã, saímos para trabalhar, nos casamos, temos filhos, construímos relacionamentos, temos metas e objetivos, viajamos, oramos, enfim, tudo isso para alcançar o propósito de ser feliz. A pergunta que podemos nos fazer é: por que não estamos conseguindo realizar esse objetivo? Depois de muitos anos de tentativas frustradas e buscas, poucos são os que já alcançaram o estado de felicidade autêntica. Talvez estejamos procurando no lugar errado, ou tentando entender a felicidade sob a perspectiva de uma mente dual, cheia de crenças. O fato é que não estamos tendo muito êxito.

Se usarmos a Voz da Razão – Inteligência Espiritual –, podemos fazer uma reflexão simples: vivemos em um mundo de opostos. Tudo aqui funciona de maneira dual: o branco necessita do preto; o riso, da dor; um dia nublado, de um dia de sol. Para sabermos se temos sucesso, é necessário um parâmetro de comparação, isto é, precisamos daqueles que fracassam, daqueles que não conseguem. Sabemos que estamos felizes porque nos sujeitamos às leis de polaridades.

Como seremos plenamente felizes se continuarmos a seguir essas regras? Se não está dando certo, por que seguimos tentando da mesma maneira? Por que continuamos manipulando e nos deixando manipular, mendigando felicidade, exigindo que a sociedade, o governo e os outros nos façam felizes? Por que continuamos a buscar a felicidade em um trabalho, uma viagem, um pôr do sol? Será que existe uma fórmula para a felicidade e não estamos conseguindo decifrá-la? Ou será que estamos nos deixando guiar pela fórmula errada? Será que não é hora de revermos nossos paradigmas?

Quando nossa consciência começa a se ampliar, podemos reconhecer nossa maneira condicionada de ver as coisas. Estamos tão hipnotizados pelo mundo da forma, um mundo que é apenas um efeito, que nos esquecemos de olhar para o conteúdo, a causa que está dentro de nós. As filosofias perenes e os sábios antigos nos dizem que a felicidade está dentro de nós, ou seja, o fato de simplesmente "existir" deveria ser o motivo dessa felicidade, mas, não é. Pode acontecer de, às vezes, acordarmos de manhã sentindo a dádiva de Ser, a alegria de expressar Amor, entretanto, esses instantes são raros.

Esse estado interno pleno de Alegria, um lugar de Silêncio e Paz Autêntica, quase impossível de descrever com palavras, é a nossa herança natural, onde não existem julgamento, competição ou escassez, apenas Paz. Isso está bem dentro de nós. É um nível de Consciência que não requer que façamos nenhuma mudança externa, nem que estejamos em nenhum lugar específico. É um estado da Mente Desperta, que o UCEM chama de Mente Certa ou Espírito Santo e que aqui vamos chamar de **Inteligência Espiritual**. O nome não importa, use aquele que fizer mais sentido para você. É a parte da nossa mente que nunca se esqueceu de Quem Somos. É a nossa conexão com Deus.

Nesse Nível de Consciência, somente existe Sabedoria e Amor. Está bem dentro de nós, é a Felicidade em seu mais elevado grau, sem opostos, sem forma, sem comparação, sem tempo, sem espaço. Um estado da mente – Sabedoria Pura – Inteligência Máxima – Inteligência Espiritual Aplicada – de onde nunca saímos e que está em unidade com a Fonte.

"Quando foste aprisionado no mundo da percepção, foste aprisionado em um sonho. Não podes escapar sem ajuda, porque tudo o que os teus sentidos te mostram apenas testemunha a realidade do sonho. Deus forneceu a Resposta, o único Caminho para a saída, o verdadeiro Ajudante. A função da Sua Voz, Seu Espírito Santo, é ser o mediador entre os dois mundos. Ele pode fazer isso porque, se de um lado conhece a verdade, de outro também reconhece as nossas ilusões, mas, sem acreditar nelas" (*UCEM* P-XIX).

Se queremos ser felizes, é nesse lugar, dentro de nós, que devemos buscar. Nesta vida mesmo, neste instante, agora, não depois, nem amanhã, nem naquele momento específico. Nossa Mente Certa está disponível aqui e agora. Não é utopia, não é para alguns especiais, não é apenas para os sábios e gurus, ou para aqueles que têm técnicas especiais ou comidas especiais. É para você e eu, que estamos exaustos, que entendemos que o mundo nunca vai nos dar o que queremos. Que estamos cansados de metas sem sentido, que já recitamos a oração: tem de haver uma outra maneira de viver.

Sempre fui uma inconformada. Algo bem dentro de mim sempre soube que a Verdadeira Felicidade não pode ter opostos e que não podemos considerar felicidade os momentos fugazes e passageiros de alegria e prazer. Eu sabia, bem no fundo, que felicidade tem de ser um estado constante e inalterável e que não pode depender de nada que seja perecível, mutável e temporal.

De alguma forma, eu tinha certeza, por isso, segui investigando. Minhas buscas seguiram muitos rumos desde minha adolescência, muitos cursos, formações, livros e estudos, até encontrar *Um curso em milagres*. A partir daí, entendi que, para sermos felizes, precisamos olhar para a nossa percepção distorcida, pois é ela que nos adoece e nos torna infelizes, depressivos, ansiosos e angustiados. É nossa percepção que nos faz sofrer.

Não necessitamos da fórmula da felicidade nem precisamos aprender a ser felizes ou a ser melhores; apenas aprender a ouvir a Voz da Razão – a Inteligência Espiritual – a Máxima Inteligência – o Espírito Santo – em nosso interior, para, assim, podermos liberar todas as barreiras que erguemos entre nós e o estado de Alegria e Paz, que é nossa herança natural.

O ego nos faz pensar que, para sermos felizes, precisamos passar bem, comer bem, ter um bom relacionamento, alguém que nos elogie de vez em quando, ter segurança econômica, um trabalho que nos satisfaça e, muitas festas, risadas. Ele só não nos conta que todas essas coisas são transitórias, portanto, estão muito longe de nos dar a Verdadeira Felicidade.

A felicidade é intrínseca ao Ser que Somos em essência, é o nosso estado natural quando estamos livres do medo. Nosso trabalho consiste em desbloqueá-la, pois o Amor e a Alegria não podem ser ensinados, somente podem ser experimentados, e quando esse for o nosso único desejo, esse estado mental será a nossa realidade.

Sou estudante do *UCEM* há algum tempo. Ao reler uma parte do Capítulo 14 – "Aprendiz feliz", me perguntei por que eu ainda sentia tanta tristeza, raiva e medo. Parei e silenciei minha mente para ouvir a Inteligência Maior. Nesse momento, eu me dei conta de que não estava sendo uma boa aluna; estava literalmente debatendo com o conteúdo de ensino do curso, questionando, inconscientemente querendo que estivesse errado. Nesse momento, me rendi e prometi para mim mesma que faria aquilo que o próprio autor sugere, isto é, praticaria em meu cotidiano. Daquele dia em diante, decidi ser uma aluna aplicada, deixar de lutar, soltar o controle, dar um salto de fé e de confiança, ser verdadeiramente honesta comigo e dar uma chance ao autor do curso. Senti muita paz. Esse momento foi um ponto de virada, como um salto quântico que potencializou meu aprendizado. Hoje, ainda estou a cada segundo me comprometendo e decidindo internamente parar de querer ter razão e aceitar o Perdão em minha vida. É isso que quero dividir com vocês neste livro.

Estamos esquecidos, adormecidos, hipnotizados, treinados em um sistema de pensamento movido pela culpa, pelo medo e todos os seus derivados. Por isso, reagimos às leis da dualidade como robôs. Seguindo regras inconscientes, não nos damos conta de que repetimos incessantemente as mesmas histórias. Para sair desse ciclo, desse sistema de pensamento virulento, de pecado, culpa e medo, necessitamos da ajuda de um outro sistema de pensamento, de um outro *software* ou sistema de pensamento que nos mostre as coisas de outra maneira e nos possibilite a verdadeira Visão.

Gerir as emoções – inteligência emocional – foi e é importante, contudo, não está nos dando o resultado que necessitamos. Precisamos urgentemente acessar uma outra sabedoria, ou podemos dizer que precisamos acessar a **única** inteligência que existe: a Inteligência Espiritual (IEs).

Convido você a fazer essa viagem comigo e posso garantir que esse caminho lhe trará Paz.

2
Antes de começarmos

"Essa sensação de ressurreição é a dimensão experiencial da nossa Inteligência Espiritual. Não é simplesmente um estado de espírito, mas uma forma de saber, uma forma de Ser, que estranhamente transforma a nossa compreensão e as nossas vidas" (Danah Zohar).

Este é um livro sobre acessar a Inteligência Espiritual por intermédio dos ensinamentos de *Um curso em milagres*. Espiritualidade não é religião. A religião envolve um conjunto de ritos e crenças; a espiritualidade envolve conexão e reconhecimento. Um modo de andar pelo mundo se reconhecendo e perdoando. Uma Inteligência Suprema que nos leva a viver sem medo.

Quando falamos em Inteligência Espiritual (IEs), não estamos falando de algo que podemos desenvolver ou que podemos medir e avaliar. A Inteligência Espiritual foi entregue a nós pela Fonte. É eterna, Imutável, Completa em todas as aparentes partes. É nosso elo de comunicação com o Divino, o nível de Consciência mais elevado que existe dentro deste universo ilusório.

Gosto de lembrar que essa é, na verdade, a única Inteligência que existe. Todas as outras são sistemas operativos, importantes para nosso convívio aqui, porém irrelevantes para nossa iluminação, pois não nos tiram do labirinto de culpa e medo que é a causa de nosso sofrimento. Descobri que não existe maior poder do que esse conhecimento que está em nós, embora não venha de nós. É algo profundo, que somente pode ser vivenciado. É o vislumbre desse estado que quero compartilhar com vocês.

Esse conhecimento é Deus. Neste livro, portanto, vamos falar de Deus: o Deus do Amor, da Unidade, a Fonte Suprema de tudo que existe e é Real. Não vamos falar de um Deus dualista que está separado de nós, em algum lugar do espaço-tempo, de um Deus que fica nos cuidando e anotando nossos erros e acertos para contabilizá-los no final de nossas vidas. Não vamos falar de um Deus que decide sobre doença e saúde ou vida e morte, ou de um Deus que manda chuva ou dias ensolarados, de um Deus que dá para alguns e tira de outros. Esse é o Deus do ego, nada semelhante ao Deus que é nossa Fonte, Eternamente Imutável, Todo Abarcante e Sem Opostos.

Neste livro vamos falar de Amor. Não daquele amor dualista com princípio e fim, que sofre nuances e é especialmente sentido por algumas pessoas especiais. Aqui falaremos do Amor que tudo Abarca, que não nasce e não morre, do Amor Eterno, Imutável e Total. Do Amor que nos leva à experiência de Unidade.

Amor/Nossa Fonte
Amor/Conhecimento
Amor/Perdão
Amor/Milagres
Amor/Deus

Quando usamos Amor com letra maiúscula, nos referimos a Deus. Deus É e nada mais existe. O *UCEM* nos ensina que somente o Amor é Real, portanto, somente Deus é Real. Deus é a Fonte, a Causa, cujo efeito é Seu Filho.

Deus/Amor é puro conhecimento, é relação eterna, imutável. Tentar definir Deus/Amor é impossível porque, como diz o *UCEM*, palavras são apenas símbolos de símbolos. O Amor está além de todos os símbolos e muito além do que pode ser ensinado. Somente pode existir uma experiência de revelação, e é para essa experiência que o *UCEM* nos encaminha.

É quase impossível acessar a Inteligência Espiritual quando nos sentimos separados de nossa Fonte, pois esse é basicamente o cerne de todo o sofrimento do mundo. Entretanto, é justamente no sofrimento que necessitamos da Inteligência Espiritual, uma vez que somente Ela pode nos guiar para além da dor, em direção ao Amor.

Quando estamos no Amor, nos sentimos Unos. Não excluímos ninguém, não nos separamos de nada, Somos Um com tudo que existe. Somente retornando à Unidade de Quem Somos poderemos recordar o Amor que Somos.

Ao final deste capítulo, aproveito para inserir, nesta segunda edição, o "Esclarecimento de termos". Algo que se mostrou importante devido ao depoimento de leitores que, por não estarem familiarizados com o os conceitos de *Um curso em milagres*, tiveram uma certa dificuldade com termos comumente usados no cristianismo com uma conotação diferente.

Como diz o autor do *UCEM*: "palavras são apenas símbolos de símbolos e, portanto, duplamente distantes da realidade". Apesar disso, ainda assim são necessárias para o repasse de conhecimento. Não acredito que o autor do Curso tenha escolhido palavras amplamente usadas pelo cristianismo por acaso. Creio que o nosso amado autor tenha escolhido a dedo essas palavras com a intenção de lhes dar um novo significado, desfazendo os efeitos de seus antigos significados. Termos como "Céu", "Paraíso", "Perdão", "ego" etc., que sempre foram usados pelo ego para reforçar a dualidade, são agora utilizados para sanar o erro original e corrigir o desvio para o medo.

Esclarecimento de termos

Céu – estado mental de Unidade. Nada a ver com o mundo material de espaço e tempo. É o Ser, a Mente Desperta, o resultado do conhecimento e aceitação do Amor de Deus. Não é um lugar, e sim uma condição mental.

Ego – um estado de consciência separado da Fonte. Criado fora da Sua Mente, o ego acredita estar em rivalidade com Deus pela autoria do Ser. É o programa mental de conflito cuja base é a culpa gerada a partir da crença da separação com a Fonte.

Expiação – é o fim da crença na separação. O despertar da consciência para nossa realidade no Amor. O desfazer da culpa inconsciente. O resultado do Perdão e o fim de todas as ilusões.

Mente Certa – o sistema de pensamento da Inteligência Espiritual. Enquanto seres individuais, nossa mente está dividida em duas partes: a mente errada, que está sob o domínio do ego, e a mente certa, lar da Inteligência Espiritual. Ambos são sistemas de pensamento, e nós sempre atuamos por meio de um ou outro, conforme escolhemos.

Milagre – mudança de percepção onde antes havia devastação e medo e agora há lucidez e Amor. O resultado da troca de um estado mental dual e conflitante (do ego) para um estado mental de paz (Inteligência Espiritual). Os resultados dessa troca – os Milagres – podem ou não ter efeitos visíveis para nós.

Paraíso – condição ou estado mental de pura não dualidade, de céu. Resultado natural da mente que aceitou a Expiação para si mesma. Ao abolir a crença no pecado, a mente volta a ter consciência de estar em unicidade com a Fonte e com tudo que existe.

Pecado – resultado da condição causada pela crença na separação da Fonte. A ilusão usada pelo ego para nos acorrentar ao mundo da forma e ao sofrimento autoimposto. Quando projetamos a culpa, vemos pecado por todos os lugares.

Perdão verdadeiro – é um desfazer. Desfaz todas as ilusões e seus efeitos que vêm a partir da crença de que nós nos separamos de Deus. Assim, tudo que não é expressão de Amor é desfeito pelo perdão. É o discernimento entre a ilusão gerada pelo sistema de pensamento do ego e a realidade do Amor.

3
DESPERTAR

"É possível estares separado da tua vida e do teu ser? A jornada a Deus é meramente o redespertar do conhecimento acerca de onde tu sempre estás e do que és para sempre. É uma jornada sem distância para uma meta que nunca mudou. A verdade só pode ser experimentada. Não pode ser descrita e não pode ser explicada. Eu posso fazer com que estejas ciente das condições da verdade, mas a experiência é de Deus. Juntos, podemos satisfazer essas condições, mas a verdade despontará sobre ti por si mesma"
(*UCEM* T-8.VI.8:5-11).

O *UCEM* nos leva a reconhecer que ou estamos ocupados despertando, ou estamos ocupados morrendo. É claro que o Espírito é Eterno, o que morre é o personagem que se crê dentro de um corpo. Estamos em casa, em Deus, no Céu, de onde nunca saímos. O fato é que nos sentimos como deserdados, vivendo no exílio. Apesar de essas verdades profundas ressoarem em nosso coração, elas ainda não são nossa realidade. Saber disso intelectualmente não significa coisa alguma. Podemos saber todo o conteúdo do

Curso de cor, recitar partes dele e identificar os capítulos, mas isso não significa, necessariamente, que o estejamos experimentando em nossa vida cotidiana. Compreender intelectualmente o não dualismo não significa que estejamos despertos do sonho.

É claro que é fundamental sabermos a metafísica, entretanto, somente uma prática consistente dos seus princípios, por intermédio do perdão verdadeiro que o Curso ensina e a generalização desses princípios em todos os aspectos de nossa vida cotidiana – nas nossas relações, nas nossas experiências, nas coisas que ficamos sabendo por outras pessoas ou pelos telejornais, enfim, em todos os aspectos de nossa jornada –, é que vai nos levar a despertar.

No momento em que recitamos a oração que nos leva a estar prontos para o Curso – "Tem de haver outra maneira de viver" –, ele aparece em nosso caminho. Deixa muito claro que não é o único caminho, mas, apesar disso, é uma via rápida que nos leva direto à Consciência Total.

Quando encontramos nosso caminho, aquele que faz sentido para nós, por muito tempo ainda podemos resistir. Podemos passar um tempo fazendo de conta que praticamos, com um pé na canoa e outro na terra, porém, se o coração disser que esse é o nosso caminho, precisamos colocar mãos à obra e praticar, praticar e praticar. Não existe outra maneira. Qualquer caminho espiritual requer prática constante. É como ir à academia, somente veremos os efeitos se formos persistentes e mantivermos uma prática regular. Assim é com o Curso. Somente a repetição constante e persistente das ideias apresentadas por Jesus no *UCEM* nos levarão a vivenciar a tão sonhada Paz Genuína. Por isso, você até pode achar este livro repetitivo. Sim, somos mesmo, repetimos alguns conceitos consistentemente, pois o perdão verdadeiro não é algo que possamos compreender com uma mente dividida que olha para fora e vê um mundo de objetos separados.

O ego é o sistema de pensamento que rege esse universo. São suas leis que operam aqui. Já viemos com esse *software* instalado de fábrica. Desfazer um sistema de pensamento tão firmemente aprendido e repetido requer que sejamos firmes em nosso propósito. Este livro abre um espaço para que você possa entrar em contato com as ideias centrais do *UCEM*, no entanto, se você O reconhece como seu caminho e sente que ele contém verdades para você, siga estudando no próprio Curso.

O *UCEM* não é autoajuda, mas, sim, um caminho de vida para aqueles que estão prontos para uma espiritualidade profunda, que desejam sair do vitimismo e despertar para a realidade do Amor. Nada contra a autoajuda, inclusive li muitos livros do gênero e sou imensamente grata por cada um deles, pois me ajudaram a estar mais aberta aos ensinamentos do Curso. O UCEM, porém, é um ensinamento metafísico sem precedentes, que nos leva pelo caminho mais rápido em direção ao despertar da mente para a realidade do Amor.

Estamos sonhando. Não somos o efeito do sonho, e sim o sonhador. Para despertar, precisamos reconhecer o que nos mantém adormecidos. O *UCEM* nos mostra de maneira clara que não precisamos fazer nada, apenas desfazer. Desfazer o ego. A ferramenta que o Curso nos ensina para desfazer o ego é o perdão verdadeiro.

Conforme vamos praticando o tipo de perdão que o Curso ensina, vamos gradativamente soltando o ego. Não precisamos lutar contra ele, matá-lo ou qualquer coisa assim. O ego é apenas um pensamento distorcido que precisa ser levado à Luz da Inteligência Espiritual para ser desfeito. É esse processo de desfazer que vai nos levar a um nível de consciência mais amplo e a despertar do sofrimento autoimposto. Despertar é acordar para a Verdade do Ser.

"Onde você está agora se não no Ser? Aonde você quer ir? Tudo o que de fato é necessário é crer firmemente que você é o Ser" (Ramana Maharshi).

Para reconhecer o Ser, nós precisamos de ajuda. Com a nossa mente fragmentada, não conseguimos perceber a Unicidade.

Desde nossa identidade, nos sentimos sós, carentes, necessitados. Precisamos da Inteligência Espiritual, essa Instância Mental Superior de Sabedoria e Amor. Ela tem a visão do todo. Por intermédio Dela, começamos a soltar o controle e nos deixamos ser guiados. Aos poucos, vamos desenvolvendo a confiança e entendendo nosso papel como tomadores de decisão. Passamos a compreender que são nossos desejos que nos aprisionaram aqui e que é por meio deles que despertaremos desse transe hipnótico em que nos colocamos.

"Só tu és capaz de te privar do que quer que seja, não te oponhas a esse reconhecimento, pois isso é verdadeiramente o princípio da aurora da luz. Lembra-te também que a negação deste simples fato toma muitas formas, as quais precisas aprender a reconhecer e a combater persistentemente, sem exceção. Esse é um passo crucial do redespertar" (*UCEM* T-11.IV.4:1-4).

Quando estamos dispostos a renunciar aos nossos julgamentos e à visão pequena e limitada, que nos faz sofrer, e aceitamos a Visão da Inteligência Espiritual, começamos a liberar o mundo de nossas projeções. Permitimos que o processo flua, aceitamos nossos cenários como salas de aula e deixamos de tentar controlar, o que faz com que o processo se acelere.

Desde uma firme decisão de mudar o propósito, nos alinhamos com a vontade autêntica de paz. Disponibilizamo-nos a uma prática consistente, o que facilita muito a mudança da percepção linear e temporal para um nível de consciência no qual podemos reconhecer que o tempo linear, assim como o conhecemos, não passa de um truque da mente para nos manter aprisionados no mundo da forma.

A mudança do propósito da separação para a Unidade nos possibilita vibrar em uma energia espiritual ampla, transformadora e milagrosa. Estamos prontos para a Visão, estamos a serviço da Inteligência Espiritual, e nosso único desejo é a Realização do Ser. Todas as paixões do ego deixam de ter influência e importância, nossos desejos pessoais não deixam de ser sentidos, só que, agora, eles serão oferecidos à Inteligência Espiritual para servir a todos.

Os milagres são naturais, o mérito pessoal deixa de ter sentido, o desejo de ser especial passa a ser reconhecido e entregue. Tornamo-nos humildes de coração. Confiamos no fluxo da vida e em tudo que ela nos traz. Deixamos de lutar com aquilo que chamamos de realidade. Sabemos no mais íntimo de nosso ser que "não sabemos". Estamos dispostos a ver as coisas de outra maneira. Abrimo-nos ao Campo de Consciência, sentindo a profunda conexão entre todas as coisas. Estamos totalmente entregues ao Amor e podemos dizer com sincera honestidade: *faça em mim a Tua Vontade.*

> "'Perdoarei e isso desaparecerá'. A cada apreensão, cada preocupação e cada forma de sofrimento, repete estas mesmas palavras. E, então, terás a chave que abre a porta do Céu e, enfim, traz o Amor de Deus Pai à Terra para erguê-la até o Céu. O próprio Deus dará o último passo. Não negues os pequenos passos que Ele te pede que dês até Ele" (*UCEM* L-pI.193.13:3-7).

4
APRENDIZ FELIZ

"O Espírito Santo precisa de um aprendiz feliz, em quem a Sua missão possa ser realizada com felicidade. Tu, que és firmemente devotado à miséria, precisas, em primeiro lugar, reconhecer que és miserável e não és feliz. O Espírito Santo não pode ensinar sem esse contraste, pois acreditas que a miséria é felicidade"
(UCEM T-14.II.1:1-3).

Estamos tão hipnotizados por *maya* que constantemente confundimos dor e alegria. *Maya* é como um parque de diversões, com suas montanhas russas de prazer e dor. Embarcamos pensando que somente teremos prazer. Todavia, a dualidade tem suas leis; quando escolhemos entrar em *maya*, instantaneamente compramos as leis de dualidade. Para sair dessa montanha russa de emoções, temos que, em primeiro lugar, nos tornar conscientes dela. Eu já estava. Sabia que o mundo não preencheria o meu vazio; ainda não sentia confiança no Espírito para saltar. Entendi, porém, que havia chegado a hora de parar de brigar e simplesmente praticar o Curso. Meu coração me dizia que somente uma outra maneira de viver e de pensar poderiam curar minha ansiedade. Esse reconhecimento, essa honestidade para si mesmo, é um portal para um nível de consciência de mentalidade aberta, onde passamos a soltar as nossas certezas e aceitar a ajuda da Inteligência Espiritual. Esse é o início da reviravolta que nossa percepção distorcida necessita para ver e entender o mundo de outra maneira.

Lembrei-me agora de uma frase famosa: "Seja gentil, pois todos que você encontra estão travando uma dura batalha". A humanidade sofre. Ainda são poucos os que entendem, bem dentro de seu coração, que o sofrimento não faz sentido. Torna-se imperativo reconhecer o vitimismo. É o primeiro passo para a liberdade. Ser consciente de que tem que haver outra maneira de viver abre espaço para a Inteligência Espiritual agir em nossa vida.

Jung deixa claro: "ninguém se ilumina imaginando figuras de luz, mas, sim, ao tornar consciente nossa sombra". Se fugimos dela, a reforçamos. O mundo foi feito para nos manter distraídos, com medo de olhar para dentro. Fugimos de nosso porão, pois em nossa imaginação, lá existem monstros que não conseguimos enfrentar. Em razão disso, buscamos distrações constantemente, temos medo do silêncio. Não há nenhum problema se você ainda não está pronto, é sua escolha continuar se sujeitando às emanações de seu inconsciente. Cada um escolhe o momento em que vai fazer o seu trabalho de consciência, e está tudo certo! O importante é começarmos a nos dar conta de que, se estamos sofrendo, é porque nossa percepção está distorcida, e não porque somos vítimas inocentes de circunstâncias externas ou de carma.

Para que possamos ver o mundo com os olhos da Inteligência Espiritual, precisamos, primeiro, reconhecer em que ponto estamos. Quem é nosso guia interno? A que sistema de pensamento estamos nos sujeitando? Estamos sujeitos às leis do ego (medo), ou da Inteligência Espiritual (Amor)? Essa pergunta não é difícil de responder, basta que você observe a sua vibração. Se está vibrando na frequência da dúvida, do cansaço, do estresse, da preocupação, da pressa, do medo e da culpa, escolheu o ego como professor. Se você está em Paz e Alegria Serena, confiando que tudo sempre opera para o bem, você escolheu a Inteligência Espiritual para ser a sua professora.

Essa é a chave para uma nova escolha. Não quero mais essa energia. Quero ver as coisas de outra maneira. Aí se inicia um processo de desaprendizagem, pois desaprendemos a julgar, a querer ter razão e a controlar. Fica evidente que o ego não tem sido um bom professor, que aquilo que pensamos sobre o mundo e sobre nós mesmos pode não ser a Verdade.

"Não há declaração que o mundo tenha mais medo de ouvir do que esta: 'Eu não sei o que sou e, portanto, não sei o que estou fazendo, onde estou ou como olhar para o mundo ou para mim mesmo'. Entretanto, é aprendendo isso que nasce a salvação. E O Que tu és te falará de Si Mesmo" (UCEM T-31.V.17:6-9).

Entrar em contato com nossas feridas e o sofrimento que elas nos trazem nem sempre é fácil. Aprendemos desde sempre a negar o sentir. Fugir da dor e buscar o prazer. Para que o processo de cura e liberação aconteça, ele deve se tornar o mais consciente possível. É necessário desejar intensamente, ser verdadeiramente honesto, ter disciplina, estar imbuído pela vontade profunda de Paz.

Há uma crença profundamente soterrada de que somos maus. Ela faz com que sintamos a necessidade de provar nossa valia. Andamos pelo mundo em busca de aprovação, querendo nos tornar pessoas melhores. Fazemos de tudo para deixar lá no subconsciente, bem escondido, esse lado mau. Não nos damos conta que é a negação que faz a projeção; exatamente isso que faz com que ele tome força e, sem que possamos controlar, acaba nos arrebatado em momentos de fúria e desespero.

Somente a partir do momento em que passamos a abraçar e aceitar a sombra, começamos a nos dar conta de que não somos esse ser miserável que anda por aí mendigando amor, atenção, afeto e felicidade. Quando nos permitirmos reconhecer sentimentos profundos de menos valia, o tamanho de nosso ódio, a dimensão de nossa sensação de vazio e medo, poderemos reconhecer que é impossível sermos felizes nos moldes do mundo. Que nossa sensação de angústia e ansiedade não vem de nada externo, não estão lá fora, e sim em nossa própria mente. Chegou a hora de parar de culpar o mundo, o outro, o governo e as circunstâncias, para retomar um poder há tanto tempo adormecido.

Esse é um caminho de honestidade. Ser verdadeiramente honestos conosco abre o caminho para o discernimento. Se não estou em paz, estou no medo, e, no medo, é impossível ser feliz. É preciso honestidade e muita observação interna para reconhecer onde estamos, o quão infelizes, frustrados, culpados e medrosos nos sentimos.

Não se deixe enganar, o ego nos dá muitos presentinhos: com momentos fugazes de felicidade, ele nos conta que se conquistarmos coisas, atrairmos pessoas, tivermos determinado saldo bancário, conseguiremos atingir a paz. O fato é que já nos demos conta que isso não está dando certo. A felicidade causada por coisas externas é efêmera. Se você for como eu e tantos outros que estão neste caminho, não se conformará mais com migalhas e não aceitará mais menos do que tudo. Estamos prontos para patamares mais amplos de consciência. Gradativamente, soltar o controle e permitir que a Inteligência Espiritual dirija e transforme nossa jornada, a torne significativa, por meio de nossa escolha em fazer do perdão verdadeiro nossa única função.

As práticas que trazemos neste livro não são focadas em promover a felicidade; elas nos levam a reconhecer o quanto somos infelizes, o quanto negamos a Verdade de Quem Somos. São enfoques de consciência e exercícios de treinamento mental. Estão fundamentados em meus estudos do livro *Um curso em milagres* e em diversas formações que venho fazendo nos últimos anos. Elas nos ajudam a entender como opera nossa mente, a reconhecer que não há nada lá fora e que não há um mundo interno e um mundo externo.

O processo é reconhecer o poder de escolha, o quanto estamos confusos sobre o que nos faz felizes e o que nos leva a mais culpa, que é a causa do medo e do sofrimento autoimposto. É preciso desvelar as barreiras, os obstáculos que nós mesmos criamos e que estão bloqueando a Luz e tornar consciente nossa resistência ao Amor. Se não tornamos consciente, não podemos perdoar, ou seja, entregar todas elas, uma a uma, conforme surgem, para serem purificadas e desconstruídas pela Inteligência Espiritual. Elas são ilusórias, fomos nós que as tornamos reais em nosso mundo interno e somos nós que temos o poder de nos libertar delas.

A princípio, isso pode parecer difícil. Conforme vamos praticando, adquirimos a confiança necessária para nos comprometermos cada vez mais com o processo de buscar dentro de nós a Vontade autêntica de paz. Uma premissa fundamental é a gentileza, a decisão de olhar para os conteúdos que surgem do subconsciente, seja por nos darmos conta, por observarmos os pensamentos, ou por intermédio do espelho, sem julgar. Simplesmente permitir que se tornem conscientes, recebê-los com a mentalidade aberta sendo pacientes e amorosos conosco. É necessário que estejamos dispostos a romper paradigmas, dar vazão aos desejos de nosso coração, soltar todas as nossas crenças e estarmos abertos a uma nova Visão.

Ser um praticante de espiritualidade não significa não ter problemas, tristezas, ansiedade, medos e dificuldades. Não significa uma vida de *glamour*, viagens, abundância financeira. Também não significa abnegação, saúde perfeita, comer ou deixar de comer algum tipo de alimento, fazer práticas de meditação ou exercícios especiais. Ser um praticante de um caminho espiritual profundo e sério é estar disposto a deixar de apostar no mundo. Muitas pessoas que atingem esse nível de consciência podem passar despercebidas aos olhos do mundo, pois preferem o anonimato e o silêncio enquanto fazem seu trabalho interno de perdão. Conhecem a primazia da mente e entendem em seu coração que é na mente que tudo acontece.

Não buscam mudar comportamentos, entendem que todos os cenários são neutros, transformando os eventos em salas de aula para praticar o perdão. O roteiro já está escrito, "o final de todas as coisas é certo", portanto, para que gastar tempo e energia tentando controlar as coisas? Quando nos preocupamos e tentamos manipular as coisas para que saiam de acordo com a nossa perspectiva, que gera menos medo, ainda estamos no medo e nos desviando daquilo que vai nos levar para fora do labirinto de ilusões. Quando nos preocupamos com o resultado, estamos nos desviando do trabalho de consciência, aquele que nos levará ao despertar da mente. É inútil, totalmente inútil, investir esforços em mudar os efeitos, é como tentar escovar o cabelo escovando o espelho. A causa está na mente e é lá que podemos, se quisermos, fazer nosso trabalho de Perdão. Faça o que tiver de fazer: trabalhe, viaje, coma, durma, dance, corra, descanse, conviva, mas faça seu trabalho de consciência.

O que fazemos se estamos determinados a nos curar, diante de todos os cenários, quando acessamos a Inteligência Espiritual? **Perdoarmos!** Essa é nossa verdadeira função, a única que vai nos fazer verdadeiramente felizes e nos levar pelo caminho mais curto em direção ao despertar de consciência. Isso é Inteligência Espiritual aplicada – escolher perdoar a cada instante, nas pequenas coisas do dia a dia. O efeito da prática consistente do Perdão é a expressão da nossa Verdade, a manifestação de nossa essência, a encarnação da Paz e do Amor que já estão dentro de nós: Alegria Serena, Felicidade Autêntica, Estado de Graça, Plenitude, Paz – sem opostos.

Nossa herança é viver sem medo. Um estado de Paz e Contentamento, em harmonia com tudo que existe. Não é necessário buscá-lo, apenas aceitá-lo como nossa realidade agora.

IEs, faça com que eu me lembre que...

Não estou lendo este livro por acaso.
Reconheço que deve existir outra maneira de viver.
Chegou a hora de me abrir para essa nova Visão.
Desta vez, estou disposto a aceitar a ajuda que sempre me ofereceu.
Estou pronto para trilhar esse caminho com honestidade.
Posso soltar todas as minhas crenças, todos os meus juízos de valores, todas as minhas certezas e deixar que a Verdade me seja revelada.

5
A verdade ou a Verdade

"A verdade é inalterável, eterna e não é ambígua. É possível não reconhecê-la, mas não é possível mudá-la. Ela se aplica a tudo o que Deus criou, e só o que Ele criou é real. Está além do aprendizado, porque está além do tempo e do processo. Não tem opostos, não tem início e não tem fim. Simplesmente é"
(*UCEM* P- XVIII).

Sempre aprendi que respeitar a verdade de cada um demonstra elevada inteligência emocional. A neolinguística traz como um de seus preceitos a máxima: "O mapa não é o território", ou seja, aquilo que consideramos a realidade varia de acordo com a percepção e depende de crenças e programas familiares. Quando pensamos no mundo da forma e nos lembramos de que tudo é energia, podemos concordar com essa premissa. No entanto, aqui neste livro, nosso intuito é transcender o mundo da forma e adentrar o mundo do Espírito, que também chamamos Mundo Real.

A pergunta que podemos nos fazer é: por que a inteligência emocional não tem trazido mais paz aos nossos corações? É só observarmos o que acontece quando cada um defende seu "mapa". Um mundo caótico, cheio de dogmas, onde muitos fazem de conta que aceitam a verdade do outro, mas com a certeza interna de que a sua é a melhor. É fácil reconhecer essa dicotomia quando pensamos em ditadores, políticos, ONGs e defensores da natureza, que fazem de seu ponto de vista "a verdade" a ponto de transformar sua plataforma em luta. Se somos honestos, quando observamos atentamente o fluxo de pensamentos que passa pela nossa cabeça, vamos nos dar conta de que defendemos nosso mapa a todo instante. É em relação ao que devemos comer, beber, fazer, o melhor trabalho etc. Nem sempre fazemos disso uma luta externa; apenas observe e poderá identificar essa dinâmica acontecendo em sua mente.

Podemos chamar essa verdade, defendida pelo personagem, de engodo, visto que serve somente para alimentar o conflito. Cada tribo tem sua convicção, defende seu modo de pensar, sua maneira de se alimentar, de se vestir e de se posicionar diante das coisas, até aí tudo certo. O problema é que isso é feito com base em julgamento, o que sempre nos leva a projetar e sofrer com o oposto. Quando decretamos que só existe um jeito certo de se alimentar, por exemplo, transformamos todos os que não seguem essa dieta em errados.

Não podemos chamar isso de inteligência. Isso é uma estratégia do ego para nos manter separados, reforçar nossas diferenças, cada um tentando defender seu território em uma luta de pequenas verdades onde não há vencedores, ou melhor, só o ego sai ganhando. Reforça o especialismo e a crença na separação.

Aceitar que cada um tem sua verdade gera medo. Muito medo. Como vamos saber se, de repente, não vai aparecer alguém que acredita que os judeus devem ser exterminados? Ou, quem sabe, os brasileiros? Como nos sentiremos seguros se estamos sujeitos a diferentes distorções sobre o que é certo e errado? Se em pleno ano de 2021 ainda existem grupos acreditando serem merecedores do amor de Deus em detrimento de outros, renegados? Quando nos sujeitamos a interpretações, sectarismo, crenças, seitas, conjuntos de valores conflitantes entre si, regras morais e sociais que nos diferenciam, estamos contribuindo para um mundo onde imperam a desconfiança e a insegurança. Ao mesmo tempo, isso gera uma necessidade constante de manter posições de defesa e contra-ataque. O que poderia decorrer disso senão um sentimento de solidão e uma sensação profunda de vulnerabilidade?

Nosso coração sabe que Somos Um. Um único Ser, todos o Mesmo, sem distinção ou diferenças. No nível de consciência de unicidade, em que nos reconhecemos unos com nossa Fonte, somente existe uma Verdade. Nesse estado, estamos em conexão constante com a Inteligência Espiritual. Ela nos devolve a sanidade, para podermos compreender que não poderia existir a verdade do outro e a minha, nem mesmo meias verdades. Existe apenas uma Verdade, e ela é exatamente igual para todos, sem exceção. É o princípio que governa a Vida, o mesmo desde sempre.

Será que, quando defendemos nossas pequenas verdades, estamos sendo mentirosos? Sim! Mentimos para nós mesmos, para nossos filhos e para os outros quando reforçamos crenças como "você é especial", "a vida é dura", "Deus quis assim", "ninguém dá nada de graça", "a justiça divina é implacável" etc. Todos esses são pensamentos do pequeno eu, pequenas verdades, um emaranhado de crenças nas quais colocamos a nossa fé sem questionar. Quem poderia ser mais especial que os demais, ou por que Deus iria querer que acontecesse algo com uns e não com outros?

Um dia, entendi que existe apenas uma Verdade. Ela não é válida somente para alguns especiais, e sim para todos nós, da mesma forma. "A Verdade vos libertará", esta é uma promessa de Jesus. Escrituras antigas e sábios perenes sempre revelaram essa Verdade ao mundo. Nos dias de hoje, não existem mais segredos e, como diz *Um curso de amor*, o tempo das metáforas acabou. Podemos confiar: existe, sim, uma Verdade, uma rota, um guia que vai nos levar de volta para casa, como um sistema de GPS, recalculando nosso destino quando nos desviamos.

Precisamos ser corajosos para questionar aquilo que aprendemos, duvidarmos das verdades que aceitamos como certas, a partir de um sistema de pensamento baseado no medo, e usar a Razão – IEs – para discernir. Somente Ela tem o poder de nos ajudar a encontrar a saída do labirinto, a atravessar a ponte que leva do medo ao Amor. Somente a Verdade vai nos tirar da dor, da culpa, da depressão, do cansaço, da ansiedade e nos libertar do desejo de ser especial.

Poderemos reconhecer a Verdade quando essa for nossa vontade autêntica. Holograficamente, ela está em todos nós, como a semente que contém a informação de toda uma árvore, um Fractal, a essência de Deus. Não há um só Ser que não carregue a Verdade dentro de seu coração. Para relembrá-la, precisamos estar dispostos a soltar tudo aquilo que acreditamos ser verdade até agora e estar abertos a uma nova Visão. A Visão do Amor, da Paz e da Alegria de Ser. É para esse lugar que vamos, gradativamente, aprendendo a viver sem medo.

Para definir a Verdade, podemos dizer que...

A Verdade é eterna, imutável, é nossa ligação com o Divino.
A Verdade é a Inteligência Espiritual, que sempre sabe o melhor para todos.
A Verdade vem diretamente de Deus, que é Vida, Mente/Espírito que tudo abarca, sem opostos.
A Verdade não está sujeita às leis do ego, de mudanças, variações e níveis.

IEs, faça com que eu me lembre que...

A Verdade nunca muda.
A Verdade abarca todas as coisas.
A Verdade é divinamente amorosa e curativa.
A Verdade é nossa herança natural como filhos da Sabedoria.
Não estamos sujeitos a outras leis além das leis da Verdade.
A Verdade tem o poder de erradicar todo o sofrimento.
Não importa o que aconteça, há sempre uma Verdade maior por trás de tudo.

6
A Voz da Razão

"O Espírito Santo é o mais elevado veículo de comunicação"
(*UCEM* T-1.I.46:1).

Uma das chaves para uma jornada espiritualmente inteligente é o resgate da comunicação com o Professor Interno, a Voz da Razão em nosso interior, a Inteligência Máxima, a Sabedoria Infinita, o Espírito Santo, a Inteligência Espiritual. Desenvolver essa conexão resulta em elevação do nível de consciência.

Não estamos sós, nunca estivemos, nem nunca estaremos, como diz Gary Renard no título de um de seus livros, *O Amor não esqueceu ninguém*. Somos Um Só com nossa Fonte. Estamos tão esquecidos disso que, para lembrar, precisamos da ajuda de uma inteligência que está fora do sistema de pensamento dual em que estamos operando. O *UCEM* nos mostra que essa ajuda vem ao pedirmos orientação ao Espírito Santo, a Inteligência Espiritual que habita em nós, pois Ele é o nosso elo de comunicação com Deus.

Pedir ajuda e entregar todos os nossos pensamentos conflitivos à Inteligência Espiritual nos leva pelo caminho mais curto ao despertar da consciência. É como um portal que se abre, encurtando o tempo de maneira que nossa mente fragmentada não pode compreender.

Nosso professor tem sido o ego. Aprendemos tão fortemente seu sistema de pensamento que acabamos dissociando completamente a presença do Amor e, pior ainda, a memória de que somos o sonhador do sonho, os fazedores desse falso ser. Continuamos aceitando como verdade as suas premissas de escassez, vergonha, medo e culpa. O resultado de aceitarmos sem questionar esse sistema de pensamento falso é nossa experiência de dualidade.

Encarcerados em crenças de separação, sonhando um sonho de individualidade, nos sentimos sós. Nosso pequeno ser individual sente que precisa ser útil, que precisa controlar tudo e que precisa resolver as coisas por conta própria. Toda essa necessidade de controle esconde um profundo sentimento de medo, culpa e escassez. Pedir ajuda ao ego tem nos feito andar pelo labirinto sem encontrar a saída. Cansados e desorientados, repetimos as mesmas histórias sem perceber. Muitos ainda acreditam que seus caminhos irão levar a algum lugar melhor, com mais felicidade e mais paz e alegria. Dentro do labirinto é impossível. Só existe Alegria Real fora dele, por isso precisamos de um Guia.

Não nos damos conta, contudo, que estamos seguindo orientações de um sistema de pensamento malsucedido, como se houvesse um vírus no GPS. Intuitivamente, sabemos que não estamos em casa e que guiados pela voz do medo não estamos encontrando o caminho de volta. Justamente porque ele quer nos manter no caminho mais longo. É hora de escolher outra vez, de fazer amizade com a IEs, de seguir a sua rota, ela é a mais curta, a via expressa. Se continuamos confiando nos pensamentos que promovem a discórdia, o sofrimento, o "Ai, pobre de mim!", a menos valia, a escassez, contribuiremos para perpetuar a continuidade desse sistema de pensamento contaminado pelo vírus da culpa.

Essa velha voz que fala em nossa cabeça conhece somente caminhos antigos, é treinada para perpetuar o pensamento vigente, para reforçar a culpa e o medo. Quando começamos um trabalho de consciência, podemos reconhecer o quanto estivemos servindo ao senhor do medo, escolhendo fortalecer pensamentos limitantes, de separação. Marionetes de um sistema de pensamento, sem questionar o que a velha voz fala.

Chegamos a novos tempos e existe uma via expressa. O tempo de aprender por meio do controle, do julgamento e de nossas experiências passadas acabou. Nossa velha maneira de estar no mundo, de nos posicionar diante de tudo, baseada no medo, no "eu sou mais eu", "eu sou diferente de você", está nos levando a reviver em círculos, repetindo constantemente o passado. O julgamento que fazemos pelo ego não pode mais nos orientar; estamos muito, muito cansados de caminhar dessa forma.

Muitos ainda acreditam que todo o cansaço, a estafa mental, o estresse e a alta ansiedade são causados por trabalhar demais ou por preocupações mundanas. Não percebem que todo esse cansaço vem do fato de darmos ouvidos ao *macaco louco* desgovernado em nossa mente – o ego e seu constante juízo de valor.

O pensamento vigente e condicionado pelo ego forja um personagem que precisa ter opinião acerca de tudo. Não nos damos conta do quanto isso é desgastante. Necessitamos de parâmetros para julgar, comparar e analisar, no entanto, os vencedores são aqueles que buscam incessantemente conhecimentos melhores, mais positivos e diferentes dos anteriores. Nunca podem se dar por satisfeitos, e sua maior batalha acaba sendo superar a si mesmos, ser melhor hoje do que ontem. Uma constante insatisfação que, no fundo, esconde um profundo sentimento de menos valia e de medo.

Conseguir as coisas requer luta e sacrifício. A expectativa é que sejamos reconhecidos e recompensados. É a lei do mais forte que rege o mundo, portanto, temos de nos esforçar muito, tentando ser melhores do que os outros, nos sobressair de alguma forma para sermos valorizados e reconhecidos. Ufa! Isso é extremamente estafante! Chega uma hora em que estamos estressados, infelizes. Cada meta atingida vem com a expectativa da felicidade somente para que, ao final, possamos colocar outra meta e mais outra e mais outra, em um ciclo interminável de buscas que acabam não preenchendo o nosso vazio existencial.

Na maioria das vezes, não nos damos conta de que as regras do ego são baseadas em graus e níveis; o mais forte, o mais sábio, o melhor, o mais esperto, o mais estúpido, o mais acomodado, o mais intelectual, o mais rápido etc. Não paramos para nos perguntar quais são os parâmetros que definem essas regras. Será que eles realmente fazem sentido? Que professor está nos ensinando a lutar, a ser melhores, a nos destacarmos? Será que o Amor precisa melhorar? Será que o Amor precisa lutar e vencer e se destacar? É claro que o Amor não age dessa forma; não luta, não precisa provar nada. O Amor É, e Sendo, Ele contém o todo.

Ser um perdoador é estar pronto para reconhecer e ouvir com honestidade o programa de conflito, a voz que fala incessantemente em nossa cabeça. Aqui, quero abrir um parêntese: quando falamos da voz que fala por Deus – a Inteligência Espiritual –, não estamos falando de um tipo de canalização ou de uma voz física, mas, sim, de um sistema de pensamento cuja base é o Amor – Unidade. Refere-se a todos os pensamentos corretivos e milagrosos que corrigem a ideia de separação, estes que nos devolvem a sanidade, a lembrança de Quem Somos. É a Voz que fala por Deus, seu Espírito Santo – Inteligência Espiritual. É um sistema de pensamento curativo que corrige os pensamentos de separação – medo, ataque – que o ego usa continuamente, em forma de diálogo interno, e que nos acompanham desde o nascimento até a morte, 24 horas por dia, até que nos tornemos conscientes deles e tenhamos discernimento para soltar esse modo caótico de pensar.

Quando a mente aceita essas ideias de unidade, inicia um processo de alinhamento e cura que vai nos levando a viver com coerência. É necessário deixar de negar o sentir para permitir que esses pensamentos distorcidos que estão em nosso subconsciente se tornem conscientes. É preciso reconhecer com gentileza e amorosidade quando é a sombra se manifestando, quando é o pequeno eu – ego – se expressando. Essa é a base de todo trabalho de consciência. Somente partindo desse reconhecimento poderemos escolher ouvir outra voz, a Sabedoria Interna. A Voz que fala de perdão, e não de ataque; que fala de inocência, e não de culpa. Isso nos fará felizes, e isso é tudo o que mais queremos. Estamos cansados de experimentar dualidade, de sermos felizes para logo mais ali na frente sofrer. Nossa alma anseia pelo retorno à sanidade.

Ouvir outra Voz, a Voz do Amor, e deixar de seguir as orientações do ego, que sempre fala em separação, vingança, superação e defesa, são o grande trunfo, a grande sacada, o resgate do poder. Convocar a Inteligência Espiritual e resgatar a comunicação com Ela são o caminho de todo perdoador e a chave para a Felicidade Autêntica. Perdoadores colocam sua mente e seu coração a serviço do Amor e estão dispostos a permitir que a Inteligência Espiritual seja sua guia, construindo um caminho de discernimento em que a aprendizagem passa a expressar o Ser.

Com isso, sentir passa a ser nossa experiência cotidiana. Deixamos de pensar, de controlar, de saber tudo para sentir tudo e ouvir o nosso Guia Interno. Estamos prontos para nos soltar sem luta nem esforço.

> "Se deixares a voz do ego de lado, por mais alto que pareça ser o seu chamado, se não aceitares as suas dádivas mesquinhas, que nada te dão do que realmente queres, se escutares com uma mente aberta, que não tenha te dito o que é a salvação, então ouvirás a poderosa Voz da Verdade, quieta em poder, forte em serenidade e completamente certa em Suas mensagens" (*UCEM* L-pI.106.1).

O maior desafio para todos nós que queremos uma jornada espiritualmente inteligente e que estamos dispostos a aprender com a Inteligência Espiritual – o Amor – é distinguir entre os dois sistemas de pensamento que rodam em nossa cabeça. Discernimento para, primeiramente, detectar o programa de conflito, depois, soltar e escolher outra vez. Esse passo abre espaço para que um novo professor nos ensine. Olhamos para este mundo insano, cheio de contradições, sofrimentos e perdas e reconhecemos que tudo que fizemos até agora não deu certo e que não sabemos fazer de outra maneira. Essa é a abertura que a Inteligência Espiritual necessita para nos ensinar.

Nosso coração não está mais a serviço da mente-ego, mas, sim, a serviço da Mente Certa. Confiamos, pois sabemos que Ela é a inteligência pura, infinita, poderosa, soberana, extremamente amorosa, muito além das crenças, das memórias passadas e dos pensamentos programados. É uma instância mental de pura sabedoria que está dentro de nós, de todos nós.

Gosto da metáfora do rádio. Podemos dizer que estamos sintonizados com a frequência do ego – pecado, culpa e medo. Reconhecer isso é o primeiro passo para mudarmos de faixa e sintonizar outra frequência. É claro que, no início, pode parecer que existe muita interferência, que não vamos conseguir sintonizá-la, que é difícil acessar essa frequência, que a mensagem não é nítida. Afinal, após éons dissociando a Inteligência Espiritual, negando Sua existência, reforçando inconscientemente o conflito, os pensamentos de culpa e separação, sem reconhecer nossas próprias resistências e, muitas vezes, nosso medo do Amor, acreditamos não ser merecedores dessa Comunicação, e é justamente essas crenças que nos desconectam.

À medida que formos mais persistentes em praticar o perdão e mais conscientes do desejo profundo de paz em nosso coração, começamos o processo de derrubar as barreiras, de escolher a paz uma e outra vez, de vencer nossas próprias resistências, e assim a mente fica mais clara, e as interferências começam a se dissolver. Passamos a reconhecer a manifestação da Inteligência Espiritual por meio do olhar de uma pessoa, do pedido de ajuda, do riso fácil, da lágrima de dor, em um encontro inesperado, no *outdoor* do outro lado da rua, nas entrelinhas de um livro, naquilo que nos toca ao assistir um filme.

"Se tu não podes ouvir a Voz que fala por Deus é porque não escolheste escutar. Que escutas a voz do teu ego é demonstrado pelas tuas atitudes, os teus sentimentos e o teu comportamento" (*UCEM* T-4.IV.I).

É hora de despertar. Isso significa tomar consciência de que tudo aquilo que experimentamos neste mundo – *maya* – é resultado do que valorizamos. Onde está a nossa fé? Quais são os nossos desejos? Tornamos real aquilo que queremos tornar. Se a Voz do Amor parece distante, inaudível, é porque decidimos dar ouvidos à voz do ego, o professor do medo e da culpa.

É claro que o ego sempre vai nos fazer duvidar. O pequeno eu vai dizer que é impossível existir em nós uma Inteligência plena de sabedoria que esteja sempre disponível, inclusive agora mesmo, apenas esperando que desejemos receber seus pensamentos mais elevados. O que vai fazer com que aceitemos essa Instância Mental, essa Inteligência Espiritual, é nossa disponibilidade, abertura e, principalmente, humildade, para reconhecer que nossa visão é caótica, que nossa mente está cega para a Verdade, que estamos focados no que é ilusório e que, a partir desse paradigma, é impossível sairmos do labirinto. Precisamos ouvir nosso coração, pois ele quer outro jeito de viver.

A Inteligência Espiritual está sempre disponível e pode Se expressar em nossa jornada por intermédio de todas as coisas com as quais nos relacionamos. É necessário silenciar o ego, estar disposto a dar um novo propósito para nossos relacionamentos, entregar nosso dia, estabelecer uma meta clara e, antes de mais nada, reconhecer a cegueira em que nos encontramos. É esse reconhecimento o ponto de partida para receber guiança de uma Sabedoria que não é deste mundo. Essa é a ânsia de nossa alma, o desejo mais profundo de nosso coração, soltar o medo e estar a serviço do Amor.

"O Espírito Santo está em ti num sentido muito literal. Sua é a Voz que te chama de volta para onde antes estavas e estarás outra vez. Mesmo nesse mundo é possível ouvir apenas essa Voz e nenhuma outra. É preciso esforço e muita disposição para aprender" (*UCEM* T-5.II.3:7).

Nossa jornada se torna espiritualmente inteligente quando passamos a compreender que tudo está na mente, que somos mente, uma única consciência; que estamos sempre experimentando aquilo que desejamos experimentar. A partir daí, nosso mundo se torna uma sala de aula onde estamos sempre ensinando aquilo que queremos aprender. Ou ensinamos medo ou Amor. Ou perpetuamos o sistema de pensamento do ego ou da Luz. Temos de decidir o que queremos aprender: paz ou guerra. A partir daí, saberemos o que queremos ensinar.

"O Espírito Santo é o teu Guia na escolha. Ele está na parte da tua mente que sempre fala a favor da escolha certa, porque fala por Deus. Ele é a tua comunicação remanescente com Deus, que podes interromper, mas não podes destruir" (*UCEM* T-5.III.8:1-3).

"Lembra-te de que o Espírito Santo é o elo de comunicação entre Deus-Pai e os Seus Filhos separados. Se escutares a Sua Voz, saberás que não podes ferir nem ser ferido e que muitos precisam da tua bênção para ajudá-los a ouvir isso por si mesmos. Quando perceberes essa única necessidade neles e não responderes a nenhuma outra, terás aprendido comigo e estarás tão ansioso para compartilhar o teu aprendizado quanto eu estou" (*UCEM* T-6.I.19).

Enfoque de discernimento

Agora já posso discernir que existem dois sistemas de pensamento em minha mente:

Um fala de pecado, culpa, medo, dor e sofrimento, que eu posso ser ferido e ferir.

O outro fala em fazer uma nova escolha, de Paz e Perdão.

Posso reconhecer quando estou colocando minha fé no sistema de pensamento de conflito, porque não sinto paz.

O meu sentir me avisa que dei ouvidos à culpa, ao julgamento e acreditei no professor errado.

Neste momento, eu escolho ouvir a Outra Voz, a Voz da Razão, a Inteligência Espiritual.

IEs, faça com que eu me lembre que...

Existe Sabedoria disponível a todo momento.
Sempre estou escolhendo um sistema de pensamento.
Posso reconhecer qual deles escolhi pelo meu sentir.
Se estou em conflito é porque escolhi errado.
Sempre posso escolher outra vez.

"Ninguém que aprenda pela experiência que uma escolha traz paz e alegria, enquanto outra traz caos e desastre, necessita de persuasão adicional" (*UCEM* T-4.VI.3:6).

7
Será que somos livres?

"Neste mundo, a única liberdade restante é a liberdade de escolha, sempre entre duas opções ou duas vozes"
(*UCEM* ET-1.7:1).

Adoramos a ideia de que somos livres. Quantas batalhas a humanidade já travou em nome da liberdade. Sentimo-nos livres quando tomamos decisões sobre o que fazer e para onde seguir. O que não conseguimos perceber é que essa é uma falsa liberdade, que serve para nos manter aprisionados em *maya* ou *matrix*. Se formos bem honestos, podemos começar a reconhecer como estamos condicionados. Somos marionetes de um sistema de pensamentos cujo pilar é a culpa. Reagimos e decidimos baseados em uma forma programada de pensar.

Quem programa o Universo é a consciência, e nós somos a consciência. Isso basta por hora para entendermos que nosso ser pequeno não pensa, ele apenas repete um sistema de pensamento. Gosto da metáfora do programa que usamos na Escola de Perdão: é como se um *software*, que contém um vírus chamado medo, tivesse contaminado todos os nossos pensamentos. Um programa que domina nossos pensamentos, sentimentos e ações até que possamos estar suficientemente lúcidos para nos dar conta disso. Um sistema de pensamentos regido pela crença na separação, simbolizada em inumeráveis crenças e condicionamentos familiares contidos em um inconsciente coletivo – o ego. Sem consciência de que somos o programador, nos sentimos como um *avatar* dentro do jogo. Nascemos e lutamos para sobreviver e passar de fase, para, no final, morrer. No entanto, nunca saímos do jogo. Adestrados pelo medo, seguimos um roteiro que já está escrito sem nenhum livre-arbítrio.

A escolha pela individualidade nos levou a ouvir os argumentos do ego. O ego é a separação, a descida ao nível corporal. Nesse nível, não estamos livres para escolher, porque a escolha foi feita, e tudo o que experimentamos é o resultado dessa escolha primária que vem do desejo de ser especial. Como diria um grande humorista brasileiro, estamos "popotizados", ou seja, somos o *avatar* dentro do jogo, nos sujeitamos às regras dele, reagimos de acordo com seu menu de emoções e respostas programadas. Repetimos continuamente o passado. Estamos treinados para negar o sentir e ignorar o coração.

Andamos pelo labirinto sem encontrar a saída. Aprisionados na dualidade, somos ganhadores e perdedores em um ciclo interminável onde todos somos perdedores. Tudo é efêmero e passageiro. Ditados como "aproveite que a vida é curta" são comuns no inconsciente coletivo; nós os repetimos sem consciência do conteúdo subjacente desse tipo de crença. Tudo está contaminado pelo sistema; é ele que nos controla e nos leva a tomar decisões baseadas em suas leis – as leis do ego. A maneira de nos controlar é manter tudo isso em nosso subconsciente, para que continuemos pensando que nosso mapa é o território e que temos liberdade para escolher a nossa rota, sem nos darmos conta de que todas as escolhas que fazemos aqui no mundo repetem os mesmos paradigmas e não nos tiram de *maya* – a *matrix*.

Nosso esforço por controlar as coisas nos passa uma falsa sensação de segurança. Lembro-me bem da época em que meus filhos estavam na adolescência e saíam com os amigos à noite. Eu acordava preocupada, muitas vezes. Para me tranquilizar, mentalizava meus filhos protegidos por bolhas de luz. Dessa forma, eu sentia que estava fazendo algo para protegê-los, eu estava no controle. Nada errado em fazer isso, porém, quando tentamos controlar as coisas assim é porque estamos afundados no medo, e isso reforça a sombra.

Como personagens, não controlamos nada. O sistema quer que acreditemos que sim, que estamos no controle, pois isso reforça a ilusão de que esse personagem tem poder pessoal. Qualquer ideia de poder pessoal é ilusória. Nosso poder está em soltar o controle e colocar nossa jornada nas mãos da Inteligência Espiritual. A necessidade de controle vem do medo, da ideia de que podemos ser feridos e ferir.

Jogamos esse jogo de dualidade sem perceber que são dois lados, só que da mesma moeda. Você joga a moeda para cima, escolhe cara, mas a coroa ainda permanece unida à cara. Pensar que escolher entre um lado e outro é uma escolha real é falso. Não há como ignorar o outro lado, ele sempre vai fazer parte da moeda. Nenhum dos lados vai nos fazer mais felizes, mais realizados, mais leves, mais vitoriosos, pois o mundo só tem esse poder em sonhos.

Desde o sistema de pensamento do ego, não vamos descobrir que escolher entre ilusões não vai nos fazer mais felizes, não vai preencher nossa carência, nosso vazio existencial. Não obstante, o ego necessita que acreditemos nisso para sua própria sobrevivência. Orientados pela voz que fala em nossa cabeça, reforçamos um sistema de crenças que nos faz constantemente fugir da dor e buscar o prazer, fugir de um dos lados da moeda; como um burrico que caminha atrás de uma cenoura amarrada em um galho preso nele mesmo, não nos damos conta de que a cenoura vai sempre estar a um metro de distância, que a moeda vai sempre conter cara e coroa. Que aqui, nesse universo de contrastes, a nossa saída é integrar os dois lados da moeda, enfim, abraçar as polaridades.

O *UCEM* nos alerta que, quando buscamos a felicidade no mundo, 100% das vezes saímos profundamente frustrados. Neste mundo, é impossível sentir a Alegria de Ser, a Felicidade Autêntica, sem opostos. Começa pelo fato de que não sabemos o que nos faz felizes, constantemente confundimos dor e alegria, estamos equivocados sobre o que vai nos tornar realizados e sobre o nosso verdadeiro propósito.

Dando ouvidos ao ego – medo –, nos sentimos vulneráveis, pequenos, precisamos lutar e nos defender. Passamos a vida buscando a aprovação que nós mesmos não nos damos. Queremos ser aceitos, amados, provar para o mundo que temos valor. Estamos sempre em estado de alerta, esperando que o mundo nos devolva a traição que pensamos ter cometido com Deus. Que liberdade pode haver onde não há confiança? Sentimo-nos estafados, sem energia, frustrados e sem esperança.

"Os sentimentos de culpa são os preservadores do tempo. Eles induzem aos medos da retaliação ou abandono e, assim, garantem que o futuro será como o passado. Essa é a continuidade do ego. Isso dá ao ego um senso falso de segurança, por acreditar que não podes escapar disso" (*UCEM* T-5.VI.2:1-4).

A culpa é a segurança do ego de que ele vai continuar existindo. É essa segurança que nos leva ao medo, e o medo é a melhor forma de dominação. Eu poderia afirmar que, exceto uma minoria que está desperta ou em processo, quase 100% de nós, que pensamos habitar esse planeta, estamos dominados por um sistema de pensamento perverso. É ao ego que entregamos a nossa liberdade. Ele nos vende a ideia de especialismo; isso gera culpa, nos fragmentamos e buscamos o culpado lá fora. Apostamos tanto na ideia de que alguém mais e não nós mesmos somos os culpados que essa é uma busca que nos faz repetir em ciclos o instante profano da separação, até o momento em que nos rendemos e pedimos ajuda. Um pedido de ajuda é uma abertura mental, um jeito de silenciar o ego por alguns instantes. É nesses instantes que damos permissão para que a Inteligência Espiritual nos ensine um outro jeito de viver.

Este é o nosso **real** livre-arbítrio: escolher outra vez. Escolher ouvir o Amor, a Mente Certa, o sistema de pensamento dos Milagres. Parar de dar crédito a lamúrias, críticas, julgamentos, comparações do ego. Parar de comprar a ideia de que não somos bons o bastante. É pelo silêncio que pensamentos de plenitude e Vida Eterna chegam em nossa mente. Pensamentos recheados de sabedoria que nos levam a reconhecer que somos perfeitos, amorosos e amados para sempre. Essa Voz amorosa nos mostra que não existem perdedores e ganhadores.

A Voz da Verdade nos ensina a reconhecer que Somos Todos Um e que não precisamos nos destacar nem ser melhor do que ninguém, pois nosso valor está estabelecido pelo Criador. Tomar consciência disso é nosso livre-arbítrio.

Somos livres quando nos lembramos de convidar a Inteligência Espiritual para nossa jornada cotidiana, quando acordamos de manhã e entregamos nosso dia e nossas decisões a Ela. Isso requer treinamento mental, vigilância e atenção. Um estado de presença onde nos tornamos observadores equânimes, conhecedores de nossa mente, acima do campo de batalha, de mãos dadas com a Inteligência Espiritual, observando e reconhecendo quando não estamos em paz.

Esse estado de atenção é necessário para que possamos discernir entre estarmos sendo úteis ao ego ou a Serviço do Amor, tornando consciente o Tomador de Decisões, como o Dr. Ken Wapnick chama a parte de nossa mente que escolhe.

O que precisamos lembrar aqui é que quase 100% das vezes estamos seguindo as leis do caos, ou seja, as leis caóticas da dualidade. Enquanto nossa mente estiver dividida, continuaremos colocando nossa fé em ídolos, e os lamentos e julgamentos do ego ainda serão atrativos, então seguiremos seduzidos pelo sofrimento e pela vitimização. Enquanto forjar nossa individualidade e torná-la mais e mais especial for a nossa meta, a culpa seguirá ativa e em consequência o medo, que bloqueia a Verdadeira Comunicação.

Liberdade Autêntica acontece não quando escolhemos coisas no mundo, como, por exemplo, um trabalho, uma viagem ou uma religião, mas quando as barreiras que construímos começam a ruir e deixamos de obstruir a Comunicação com a Inteligência Espiritual. Isso ocorre por meio do resgate do poder de escolha entre um sistema de pensamento baseado no medo ou o sistema de Pensamento do Amor. Ser livre é pensar como o Amor pensa.

"Escolhe outra vez se queres tomar o teu lugar entre os salvadores do mundo, ou se queres permanecer no inferno e lá manter os teus irmãos" (*UCEM* T-5.VIII.1:5).

A liberdade que o mundo nos vende é escolher entre ilusões. O sonho de um trabalho melhor, ir ao cinema ou ao teatro, fazer um curso para aumentar a renda ou aproveitar as férias das crianças. Essas são escolhas que fazemos baseados em nossos julgamentos. O que me fará mais feliz agora? Obviamente, não estou dizendo aqui que não devemos tomar essas decisões, visto que elas são operativas e podem e devem ser feitas de acordo com nossos valores familiares e sociais. O que diferencia um místico, buscador da verdade, é que nenhuma decisão operativa nos tira do labirinto, não existem diferenças entre preferências em *maya*.

O que torna uma escolha significativa é o propósito. Com que professor escolho experimentar cada um dos cenários que chegam à tela de minha consciência. Isso sim é uma escolha real, e dessa escolha decorre uma de duas opções: continuar no labirinto construindo castelos de areia ou encontrar a saída e Ser verdadeiramente livre.

Esse é o discernimento necessário, o processo de perdão das ilusões, o desfazer do ego, de ouvir a voz da Sabedoria Interna e se conectar com a Inteligência Espiritual. Conforme vamos nos aprofundando em nosso relacionamento com Ela – a IEs –, vamos sentindo menos medo, experimentando mais Amor e sendo capazes de expressar nossa Verdade. Essa é uma meta que vale a pena, tudo o mais nos faz andar em círculos. Perdão é discernimento, e discernimento é liberdade. Só o Amor é Real, o restante é formado pelos nossos castelos de areia. Gosto de ressaltar que não há nada errado em brincar e construir castelos de areia, não há nenhuma diferença, para o seu despertar, se vive em uma mansão ou mora embaixo de uma ponte.

Oração

Inteligência Espiritual...
Neste momento, posso reconhecer que não estou em paz.
Sei que, se estou sofrendo, é porque estou equivocado e devo ter escolhido errado.
Agora, escolho outra vez.
Quero que a Inteligência Espiritual – Amor – seja minha mestra.
Deixar de ser um aprendiz do medo.
Silencio a minha mente e permito que Ela me ensine um outro jeito de viver.
Já sei que a minha felicidade depende de eu estar disposto a estar errado.
Reconheço que todas as vezes que sofri foi devido à minha percepção distorcida.
Solto o controle e abro minha mente...
Aceito a ajuda da Inteligência Espiritual.
Ensina-me a reconhecer minha função.
Ensina-me a despertar para a presença do Amor.
A compartilhar a Paz, que é minha herança natural.
A ser a Expressão do Meu Ser – Felicidade.
Deixo de resistir, aceito um outro jeito de viver.
A gratidão me invade.
Reconheço que estou no caminho para casa, para lembrar Quem Sou, um Cocriador em Unidade com minha Fonte – Amor.

8
A DIVISÃO NA MENTE

O macaco louco desgovernado não é real

Eu andava estressada, cansada e triste. Estava convicta de que a causa de me sentir assim estava no mundo e nas pessoas à minha volta. Nem de longe eu suspeitava que a causa não estava nas pessoas que me rodeavam ou no mundo, e sim bem dentro de mim. Para ser mais exata, em minha mente. Meus pensamentos estavam me matando.

Consultei um psiquiatra, pois, naquele momento, sentia uma ansiedade sufocante, parecia que o ar não chegava aos meus pulmões; sem ajuda, eu ia desabar, precisava de uma medicação que fizesse eu me sentir melhor. O médico me passou, junto com a prescrição de um ansiolítico, uma apostila para ler. Era sobre os neuróticos. É claro que, até aquele momento, eu ainda acreditava que todos à minha volta eram, menos eu. Foi importante esse chamado, um ponto de inflexão. Conforme Freud: "neuróticos somos todos nós que temos conflitos internos e lidamos com eles por meio da repressão mental".

Foi meu primeiro contato com a ideia da projeção. A princípio, não parecia fazer sentido, não podia reconhecer o mecanismo da negação atuando constantemente. Somos todos neuróticos e, em um grau mais elevado, podemos nos tornar psicóticos. Isso ocorre porque estamos nos deixando hipnotizar por um sistema de pensamentos que repete incessantemente o passado.

Foi uma quebra de paradigmas. Passei a observar meus pensamentos. Ainda que de forma tênue, podia reconhecer o fluxo incessante de pensamentos repetitivos e acelerados e a constante necessidade de encontrar alguém para culpar. Eu era grata por tudo, portanto, devido às circunstâncias externas, "deveria estar em paz", mas eu não conseguia, o que me deixava ainda pior. A princípio, parece difícil observar a mente, pois nos distraímos constantemente.O fato é que isso é mais uma estratégia do ego para manter ativo o macaco louco desgovernado, pulando de galho em galho.

Quando nos aquietamos por um momento e observamos atentamente nossos pensamentos, podemos reconhecer pensamentos que vêm e vão sem pedir licença. Eles são milhares a cada instante do dia e da noite. O grande problema, o X da questão, o que nos torna reféns da mente, é que nós acreditamos neles. Acreditamos sem questionar em pensamentos de vitimização, que nos levam a mágoas, nos fazem sofrer e nos diminuem. Damos vazão a pensamentos de escassez, que nos contam o quanto somos imperfeitos e precisamos melhorar. Nunca duvidamos se o que dizem é verdade, apenas compramos a ideia de que somos exatamente assim.

O macaco louco é feito para não parar nunca. É como uma estação de rádio que funciona 24 horas por dia nos 365 dias do ano emitindo a frequência do medo. O objetivo desse sistema de pensamento é nos manter distraídos, barulhentos, ocupados, para que não tenhamos tempo de questionar sua validade.

Pode parecer complexo, a princípio, observar os pensamentos. Eles chegam por meio de imagens e ideias, não exatamente de uma voz falando ao pé do ouvido como se fosse uma entidade externa. É um pacote coerente de ideias que refletem esse sistema de pensamento que chamamos ego. Existe uma estimativa de que passam em nossa cabeça em torno de 70.000 pensamentos – ideias e imagens – por dia, sendo 97% deles inconscientes. Só existe uma Fonte doadora de pensamentos. Essa Fonte é o Amor. Você pode estar se perguntando agora: como pode a Fonte expressar Amor e medo? Preste atenção ao que vou dizer: o Amor somente Cria conforme sua semelhança. Todos os pensamentos que não vibram no Amor são do sistema de pensamento do ego, que surgiu a partir da crença na separação – o desvio para o medo. Estes são pensamentos distorcidos que fabricam uma realidade ilusória.

Pare para pensar: o que ecoa dentro de sua mente? A que pensamentos você se apega? Você pode ouvir a canção que canta incessantemente em sua mente? Pode reconhecer o macaco louco desgovernado? Consegue reconhecer o que diz para si mesmo? Qual o sistema de pensamentos que está determinando o seu sentir e como você passa suas horas? Se estamos sendo fiéis servidores do medo, já é hora de despertar, de tomar consciência que somos nós que estamos escolhendo dar realidade a esse sistema de pensamento doentio e frenético.

O *UCEM* nos ensina que somente existem duas emoções: Amor e medo. Delas decorrem dois sistemas de pensamentos completos em si mesmos e mutuamente excludentes. O sistema de pensamentos do medo – mente errada – e o sistema de pensamentos do Amor – também chamado de Mente Certa. Um sistema exclui o outro. Quando estamos sintonizando a mente errada, excluímos a possibilidade de reconhecer os pensamentos mais elevados – Mente Certa. **Quando estamos no medo, não podemos Amar.**

> "O amor perfeito exclui o medo.
> Se o medo existe, então não há amor perfeito.
> Mas só o amor perfeito existe.

Se há medo, ele produz um estado que não existe" (*UCEM* T-1.VI.5:4-8).

Cada sistema de pensamento é completo em si mesmo, ou seja, tem seus próprios fundamentos e leis. A mente errada é um programa gerador de conflito – o ego –, o qual escolhemos para determinar nosso sentir quando lutamos pela nossa individualidade. Quando sentimos que precisamos defender uma identidade própria, acreditamos que não somos bons o suficiente; quando sofremos e nos magoamos, quando queremos ter razão, sentimos medo e solidão, inconscientemente, optamos pela pequenez (separação).

A Mente Certa, por outro lado, graças a Deus, também está em nossa Mente. Escolhemos ser guiados pelas suas ideias quando decidimos perdoar, quando nos sentimos eternamente amados. Quando percebemos que nossos interesses não estão separados dos interesses das outras pessoas, que a nossa felicidade não vem de algo externo, mas de um estado de presença e graça e de um sentir pleno, cheio de gratidão. A Mente Certa é pura Sabedoria, é a Inteligência Espiritual, a Única Inteligência, a Voz da Razão, o sistema de pensamentos do Amor, completo em Si mesmo, amável e amoroso para sempre.

O *UCEM* nos ensina que somente as criações do Amor são reais, por isso, quando nos identificamos com o ego e seu sistema de pensamentos de escassez, fabricamos ilusões. Não menospreze a mente errada, o sistema de pensamento egoico, o programa mental de conflito, as ideias que vêm do medo e dão vida ao pequeno eu, uma vez que é um sistema de pensamentos coeso e "inteligente" que se retroalimenta. É resistente a mudanças e, apesar de ser apenas um apanhado de leis caóticas, faz de tudo para manter seu *status*. Utiliza todas as coisas que surgem em seu caminho para se perpetuar e, se você não estiver atento, poderá utilizar este livro também. É necessário vigilância, estar atento às suas armadilhas, pois seu intuito é a autopreservação. Muitos alunos de espiritualidade acabam sendo úteis para que isso aconteça, fazendo de sua caminhada uma forma de especialismo, desejando se tornarem mais e mais especiais e necessários, servindo, dessa forma, à autopreservação do ego. Por essa razão, precisamos ser vigilantes e prestar atenção nas armadilhas que ele nos apresenta, por exemplo, usar os estudos da espiritualidade para fazer um personagem cada vez mais especial.

O silêncio é aliado da Inteligência Espiritual. Enquanto não identificamos a mente barulhenta, esse macaco louco desgovernado, ficamos à mercê dela e não podemos ser canais das Ideias Mais Elevadas no mundo da forma. Inteligência Espiritual – Mente Certa, Espírito Santo – é Sabedoria. Não é um sistema de pensamento que precisa se autoafirmar, não precisa de defesas e não depende de crença. Serenamente calma e silenciosa, sua primazia é ser sem defesas. É o sistema de pensamento do perdão verdadeiro, do discernimento entre o Real e o ilusório. Lógico, suas leis são leis de eternidade. É paciente, amoroso, não impõe, apenas espera o momento em que vamos decidir a Seu favor.

> "Este é o Curso em Milagres. É um curso obrigatório. Só é voluntário o momento em que decides fazê-lo. Livre-arbítrio não significa que podes estabelecer o currículo. Significa que podes escolher o que queres aprender em determinado momento" (*UCEM* T-I.1:1-5).

Quando li isso pela primeira vez, entendi que tinha escolhido o Curso como meu guia de jornada. A segurança interna que brotou em mim quando li essas palavras foi imensa. Saber que não podemos estabelecer o currículo é incrivelmente libertador. Entender que o chamado está acontecendo a todo momento e que somos nós que decidimos quando vamos aceitá-lo me encheu de esperança e confiança.

Não podemos servir a dois senhores. Ou somos úteis à perpetuação do medo ou Servimos à Luz. Quando damos ouvidos aos lamentos, julgamentos, medos e às culpas do pequeno eu, dissociamos a Inteligência Espiritual. Não é que ela tenha ido embora, ou deixado de existir, é nosso incrível livre-arbítrio que nos faz acreditar que deixamos o Amor – Unidade – para sentir carência e fragmentação.

Muitas vezes, quando começa o processo de autoconhecimento e nos tornamos observadores mais conscientes, passamos a poder reconhecer os pensamentos sem julgar. Dessa forma, é como se estivéssemos abrindo a guarda e possibilitando sua vinda à consciência. Esse pode ser um momento difícil no caminho, onde nos parece impossível o Amor estar ali, em uma mente tão contaminada pelo medo, tão cheia de ódio. É um momento em que tudo parece pior. Parece haver mais medo, mais culpa, mais sofrimento. Chegamos a pensar que estamos andando para trás e que realmente somos tudo aquilo que o ego diz que somos: pecadores, culpados, raivosos, vingativos, orgulhosos, vítimas, carrascos, enfim, que somos, na essência, maus e que, independentemente do que fizermos, isso não vai mudar.

Acontece que não podemos mais voltar atrás, nossa mente já não cabe mais dentro daquela velha caixa. Só nos resta seguir em frente. Entender que não é que exista mais medo, ele estava ali disfarçado de milhares de formas diferentes; não é que a culpa não estivesse presente, ela sempre esteve, pois é o combustível do medo; nós é que não percebíamos a infinidade de formas em que a culpa domina nossa mente. Acessar a Inteligência Espiritual é acolher com amorosidade todos os pensamentos, sem negar, refutar ou se envergonhar. Devemos aceitar o sentir, reconhecer que estamos atravessando a floresta e olhando para aquilo que consideramos nossos monstros – aqueles que mantínhamos escondidos de todos, principalmente de nós mesmos, nas cavernas do inconsciente.

Sempre ouvíamos os rugidos desses monstros. Fingíamos que não vinham de dentro, mas, sim, de longe, do mundo, do outro. De vez em quando, éramos sequestrados por eles e por suas garras. Momentos em que nos envergonhamos de nossas atitudes, odiamos a nós mesmos, nos sentimos ainda mais culpados e insatisfeitos com o personagem. Quantas vezes tivemos de abafar seus grunhidos, nos massacramos e choramos sozinhos nos culpando pelas atitudes que tivemos? Infinitas foram as vezes em que nos envergonhamos pela sombra e tivemos vontade de bani-la de dentro de nós.

Outro dia, uma pessoa me contou que seu sofrimento interno estava quase insuportável. Sabendo que não podia mais culpar os outros e o mundo pela sua dor, ela começou a reconhecer os pensamentos acelerados, controladores e medrosos em sua mente. Percebeu que estava dando crédito a eles, acreditando em tudo que esses pensamentos diziam sobre as pessoas e sobre ela mesma.

– Preciso de ajuda! – Ela me disse. E perguntou: – Existe luz no fim do túnel?

Sim, existe! E você começa a vislumbrar essa luz quando para de rejeitar e passa a integrar a sombra. Não somos os pensamentos que passam pela nossa cabeça. Eles não são nosso Ser Real, são uma distorção cognitiva, um esforço constante para distorcer e apequenar Aquilo que foi criado perfeito.

Enfoque de discernimento

Mente errada/ego – pequeno eu: medo. Parte de nossa mente separada e dividida que contém: pecado, culpa, julgamento, depressão, ansiedade, solidão, sofrimento, doença, vitimização, individualismo, inveja, orgulho, arrogância e estresse.

"O ego é uma tentativa da mentalidade errada para perceberes a ti mesmo como desejas ser em vez de como és" (*UCEM* T-3.IV.2:3).

"Considera o quanto tens estado disposto a ser vigilante para proteger o teu ego e quão pouco para proteger a tua mente certa" (*UCEM* T-4.III.10:3).

Mente Certa/Espírito Santo – Inteligência Espiritual: Amor. Parte de nossa mente que contém: perdão verdadeiro, Expiação (desfazer da culpa), compreensão profunda, não julgamento, Paz perfeita, felicidade autêntica, alegria plena, Ser (única parte Real).

"Se tu a aceitas (Expiação – desfazer da culpa), estás em posição de reconhecer que aqueles que necessitam de cura são simplesmente aqueles que não compreenderam que a mentalidade certa é a cura em si mesma" (*UCEM* T-2.V.4:5).

"O termo 'mentalidade certa' é usado de forma adequada como a correção para a 'mentalidade errada' e se aplica ao estado mental que induz à percepção acurada. É a mente que se volta para o milagre, porque cura a percepção equivocada, e isso é, de fato, um milagre, considerando o modo como te percebes a ti mesmo" (*UCEM* T-3.IV.4:3-5).

Exercício

Respire profundamente.
Feche seus olhos.
Preste atenção ao momento.
Ouça os sons do ambiente.
Relaxe seu corpo, observe seus pensamentos.
Deixe-os virem como se fossem folhas trazidas pelo vento.
Apenas observe.
A partir dessa observação silenciosa, reconheça:
Esse é um pensamento que brota desde o Amor ou o medo?

Questione:
É essa a energia que eu desejo continuar?
Ou posso escolher soltar esse pensamento programado?
Decida:
Entrego para a Inteligência Espiritual, confio que Ela se encarregará de desfazer.

Solto o controle...

Torno-me um observador equânime.

Quando chega mais um pensamento, observo: se ele fala de medo, problemas, mágoas, sofrimento, culpa, já sei que é um pensamento programado pelo ego. Respiro profundamente e solto.

Faço isso uma e outra vez...

Não julgo, não condeno, não penso se estão errados ou certos, se são bons ou maus, apenas me pergunto: é essa a energia que eu desejo continuar?

Reconhecer a energia que chega pelo fluxo de pensamentos é um grande passo, por isso, comemore.

Comemore sempre que você detectar um pensamento programado.

Dessa forma, você pode identificar o sistema de pensamento que está escolhendo.

Nunca se julgue, esse não é o objetivo.

Queremos apenas reconhecer quando estamos ouvindo a mente errada e soltar... Entregar...

Repita este exercício em seu dia a dia conforme for aumentando sua consciência de presença e observação interna.

Esse é um novo jeito de viver. Com os pés na terra, fazendo o que tem que ser feito, enquanto observamos nossos pensamentos e pedimos a correção. É assim que caminhamos, nós, os praticantes do perdão verdadeiro, limpando a mente e fazendo nosso trabalho de consciência. Somente com uma mente calma e limpa pode a

Inteligência Espiritual Se expressar. Nosso treinamento não consiste em aprender a se conectar com a Inteligência Espiritual, isso é uma consequência e não requer aprendizagem. Nosso treinamento consiste em aprender a discernir e entregar todo pensamento que não vibra na Frequência do Amor.

A Paz é a consequência de uma mente livre de pensamentos programados pela culpa.

"O espírito está em estado de graça para sempre. A tua realidade é só o espírito. Portanto, tu estás em estado de graça para sempre" (*UCEM* T-1.III.5:4-6).

9
Uma atitude humilde

"A humildade é força apenas neste sentido: reconhecer e aceitar o fato de que tu não sabes é reconhecer e aceitar o fato de que Ele sabe"
(*UCEM* T-16.I.4:4).

O pequeno eu, marionete do programa mental de conflito, acredita ter o controle sobre as coisas, as pessoas e as situações. Pensa que tem de resolver tudo sozinho e vive na ilusão de que sabe como fazê-lo. Busca constantemente maneiras de viver melhor, usando um sistema de pensamento que não é criativo, mas, sim, repetitivo, em uma espécie de buclê repetindo sempre a mesma ideia: a ideia de que estamos separados de nossa Fonte. Desde essa ideia, nos sentimos pecadores e culpados, tudo está julgado, o veredito está dado. Já sabemos como são as pessoas ao nosso redor, podemos intuir e sentir como são as pessoas que chegam em nossa jornada, todos os acontecimentos e problemas, tudo sempre está sendo percebido com base no passado. Em cada coisa que pousamos nossos olhos, estamos vendo o passado, nossas experiências sobre aquilo, as coisas que sabemos e o que está contido no sistema de pensamento do ego. Vemos somente o passado, por intermédio de nossa mente contaminada. Isso não é ver, e sim repetir programas.

"O ego investe maciçamente no passado e, no final, acredita que o passado é o único aspecto do tempo que é significativo. Lembra-te que a ênfase que ele coloca na culpa lhe permite assegurar a própria continuidade, fazendo com que o futuro seja como o passado e, assim, evitando o presente. Através da noção de pagar pelo passado no futuro, o passado vem a ser o determinante do futuro, fazendo com que ambos sejam contínuos, sem a intervenção do presente. Pois o ego considera o presente apenas como uma breve transição para o futuro, na qual ele traz o passado ao futuro interpretando o presente em termos passados" (*UCEM* T-13.IV.4:2-5).

Por mais que pareça que estamos avançando, o que acontece é que repetimos e repetimos os mesmos conflitos, as mesmas histórias, as mesmas guerras, as mesmas doenças disfarçadas de outras "motivações", outros sintomas e outros vírus, símbolos de uma mesma causa. É a *matrix* ditando a maneira como devemos avaliar, julgar, analisar e classificar. É o passado nos informando como são ou devem ser as coisas. Presos a esse sistema de pensamento, rodamos e rodamos sem avançar, perdidos no labirinto mental sem encontrar a saída. Estamos cobertos de razão, certos de que sabemos não nos abrir para o novo, para avançar e romper paradigmas.

Até parece existir avanço. Em termos operacionais, estamos muito melhores do que no tempo das cavernas; por outro lado, as crises estão aí e ainda são as mesmas: tristeza, ansiedade, medo, pânico, depressão, insatisfação, vazio, escassez, solidão etc. É necessário percebermos que uma mente programada não consegue desprogramar a si mesma. Esse é o início de todo trabalho espiritual, o reconhecimento de que não sabemos.

O pequeno eu, aquele que precisa saber para ter valor, tem muito medo de não saber. Tem necessidade de estar certo, pois é disso que depende sua valorização e respeito. Em nossa sociedade, não saber é perigoso, desmoralizante. Precisamos resolver, solucionar e dar um jeito. É lógico que aqui não estamos falando do conteúdo de uma prova, por exemplo, ou de dados técnicos de um projeto, ou da senha bancária. Estamos nos referindo à fé que colocamos nas regras culturais, na ciência, nos doutores de um suposto saber. Nada nos faz pensar que nossa mente está dominada por um sistema de conflito.

"Quando eu disse que o ego não sabe nada, disse a única coisa a respeito do ego que é totalmente verdadeira" (*UCEM* T-8. VIII.7:6).

Se há algo de que o ego não gosta é de não ter razão. Para ele, é mais importante ter razão do que ser feliz. Inclusive, na maioria das vezes, sustenta suas opiniões com orgulho e arrogância, a ponto de querer corrigir o outro na tentativa de manter o seu sistema de crenças intacto, validando sua visão de mundo. Se torna uma vítima de sua própria percepção condicionada, ignora o sentir e a intuição. Assim, bloqueia a Luz. Ela não pode entrar em uma mente que pensa que sabe e quer a todo custo ser dono da verdade, impondo seu *modus operandi* ao mundo.

Pare para pensar: quantas vezes você tem preferido "ter razão do que ser feliz"? Sofremos, mesmo assim queremos ter razão. É assim que alimentamos o conflito. Quando estamos convictos de que temos razão, nos bloqueamos para novas aprendizagens, para uma nova Visão, para um jeito mais fresco e claro de experimentar o mundo. Fechamo-nos para a expressão da Verdadeira Inteligência. Lembrei-me de uma frase de um conto da filosofia Zen: "Se você realmente busca ter conhecimento constante, então tem que esvaziar sempre a sua xícara", isto é, em uma taça cheia não cabe mais nada.

Outro dia, uma amiga com problemas de saúde me relatou: *"Não aguento mais tantos conselhos. As pessoas me dizem o tempo todo o que eu devo fazer, me enviam vídeos com mensagens, conselhos e tantas outras coisas. Todo mundo sabe uma receita, o que eu devo fazer e também o que estou fazendo de errado. Isso me irrita!"*

O orgulho nos leva a pensar que sabemos, que somos mais certos, que nosso jeito é o melhor. Há tempos, quando eu fazia algum curso ou formação, ou quando lia um livro bacana, sempre me lembrava daqueles que deveriam estar ali ou que deveriam ler isso. Eram os "outros" que precisavam mais do que eu, meu marido, minha mãe, meus filhos, aquela amiga. Nem de longe eu podia me reconhecer neles. Assim, o programa de conflito estava no comando, mas eu não me dava conta do tamanho de minha ignorância.

Por incrível que pareça, é exatamente quando nosso nível de consciência amplia que podemos dizer de coração "não sei". Agora sei que realmente não sei nada. Esse é um estado mental de abertura, de desprogramação, com o qual nos liberamos do passado, das crenças familiares e da fidelidade familiar. Abandonamos conceitos e "pré-conceitos", soltamos as nossas certezas, nos tornamos um receptáculo de consciência aberto para que uma nova maneira de ver e viver nos seja revelada.

A princípio, pode parecer que não saber nos torna tolos, vulneráveis, como se fôssemos incapazes de governar a nós mesmos; entretanto, não é esse o ponto. Estamos apenas abrindo mão da incrível gama de crenças, opiniões e programas mentais que vêm do passado e nos fazem repetir, em ciclos, histórias, programas e estados mentais de sofrimento. Não saber é um estado de abertura mental vivo e claro, uma intimidade com si mesmo, uma sensação de união com a experiência, uma presença alerta, vibrante, consciente. Quando humildemente reconhecemos que não sabemos, nos colocamos em uma postura mental para receber a Sabedoria, ouvir o Som do Coração, a Voz da Razão, o Espírito Santo, a Inteligência Espiritual. Não saber abre espaço para a intuição, uma nova ideia, um lampejo e criatividade, a Sabedoria que vem da Consciência Interior.

Começamos, neste momento, a tomar consciência do quanto estivemos enganados até agora, do quanto nos apegamos e defendemos um sistema de crenças e valores que nos torna vulneráveis, fracos, angustiados, sós, sofredores. A pergunta que precisamos nos fazer é: estou disposto a estar equivocado? Estou disposto a romper paradigmas e abrir a minha mente a uma nova visão? Estou disposto a me dar conta de que as coisas podem ser muito diferentes daquilo que eu acredito?

Para sermos um canal para a expressão da Inteligência Espiritual, precisamos estar dispostos a desaprender. Isso significa parar de buscar soluções no passado, de legitimar crenças, ideias, opiniões de nosso pequeno eu e passar a reagir diante das situações com a mente de uma criança: curiosa, aberta e inocente. Uma mente simples que olha para tudo com humildade, sem dramas, disposta a dizer **"não sei"**, disposta a aprender a desaprender seus conceitos e a ver as coisas de outra maneira.

Assim, vamos nos libertando das ilusões que nos dominam. Com a taça vazia, podemos receber o novo, abrir a consciência para outros patamares, para uma nova visão que transcende o mundo das formas. Passamos a um estado de consciência em que percebemos verdadeiramente que não sabemos nada, não entendemos isso que chamamos de vida, não compreendemos o significado do Amor, não entendemos as pessoas, nem a nós mesmos.

Essa é a abertura mental que nos possibilitará ouvir as respostas que tanto buscamos. Quem sou eu? O que sou eu? O que estou fazendo aqui? São perguntas profundas que o pequeno eu – ego – não pode responder porque invalidaria a si mesmo. Somente uma mente vazia, uma mente humilde, uma mente que se despe de todos os conceitos, que sabe que não sabe, está pronta para reconhecer a verdade.

"Não te preocupes acerca de como poderás aprender uma lição tão completamente diferente de tudo o que ensinaste a ti mesmo. Como poderias saber? A tua parte é muito simples. Só precisas reconhecer que tudo o que aprendeste, tu não queres. Pede para ser ensinado e não uses as tuas experiências para confirmar o que aprendeste. Quando a tua paz é ameaçada ou perturbada, de qualquer forma, dize a ti mesmo: eu não conheço o significado de coisa alguma, inclusive disso. E, portanto, eu não sei como responder a isso. E não vou usar o meu próprio aprendizado passado como a luz que há de me guiar agora" (*UCEM* T-14.XI.6).

Não saber é a chave que abre o portal da Sabedoria, da Verdade sobre Quem Somos. Enquanto sustentarmos crenças, imagens, conceitos sobre nós mesmos, nossa experiência será a expressão daquilo que sustentamos em nossa mente. O ego é presunçoso, dá nome às coisas, acredita que sabe tudo sobre elas. Porém, nem o maior de todos os filósofos consegue compreender o grande mistério que envolve todas as coisas.

Para que serve isso? Para que convoquei essa energia à minha experiência? O que posso aprender com isso agora? Não sei. Não sei para que serve isso, não sei como evoquei essa experiência. Essa é a atitude humilde que nos devolve a um estado mental receptivo. Simplesmente, soltamos o controle e confiamos. Nesse estado de consciência, somos aprendizes felizes, começamos um caminho de honestidade, sem máscaras, livre de culpa, com uma mente de principiante, disposta a receber orientação, a receber ajuda, em estado de aceitação e de compreensão. Sem a necessidade de estarmos certos, o conflito não sobrevive.

O mundo é arrogante e quer que continuemos a pensar como ele. Há que se ter a mentalidade aberta para soltar as certezas e começar o processo de aprender com a Inteligência Espiritual. Ela nos ensina a receber todas as coisas com assombro e admiração, uma mente limpa, sem preconceitos. Cada pessoa que chega ao campo de nossa consciência nasce agora. É a decisão de escolher somente o que é Real, sem importar o que nossos olhos parecem estar nos mostrando.

É impossível julgar

> *"Escolher julgar em vez de conhecer é a causa da perda da paz. O julgamento é o processo no qual se baseia a percepção, mas, não o conhecimento"*
> (*UCEM* T-3.VI.2:1-2).

Aprendi desde pequena que era feio e errado julgar. O fato é que estamos sempre julgando. Um belo dia, me dei conta disso. Comecei então o processo de me julgar por julgar, passei a me considerar uma péssima pessoa. Tomar consciência dos milhares de julgamentos que fazemos diariamente é um processo tremendo. Sem que nos demos conta, emitimos juízos sobre o jeito de ser, de estar e de agir dos "outros", consequentemente, de nós mesmos.

O ego sempre sabe como as coisas devem ser, como as pessoas devem agir e faz isso revestido de boas intenções. Sabe o melhor resultado e qual a melhor estratégia para obter esse resultado. São critérios baseados em programas familiares e sociais que resultam do programa mental de conflito. O que nós não percebemos é que esses critérios são limitados, controversos e carentes de informação sobre o todo.

Finalmente, após iniciar meus estudos do *UCEM*, entendi que não é que seja feio ou errado julgar. Simplesmente, não podemos fazê-lo. Não temos a visão do todo, nossos critérios são baseados no medo, e nossa percepção está distorcida por pensamentos de ataque. Dissociamos a Inteligência Espiritual e ficamos à mercê da pequena e fragmentada inteligência do ego.

O convite é para que soltemos todo julgamento que pudermos detectar em nossa mente e nos tornemos especialistas em não saber. O nosso pequeno eu vai duvidar, talvez muitas vezes, que existe em nós uma Instância Mental Superior, que tem a visão do todo e sabe perfeitamente distinguir a ilusão da Verdade. É preciso estarmos atentos, conectados com a humildade, para poder silenciar o fazedor e deixar que a Inteligência Espiritual faça o seu único julgamento: somos todos inocentes.

A todo momento, temos a oportunidade de dizer internamente: "não sei". Soltar o julgamento, entregar, deixá-lo ir. Pedir a correção desses pensamentos equivocados nos coloca em um estado de paz, abertura e silêncio. Liberando-nos da necessidade de estarmos certos, acabamos nos liberando do cansaço, da dor de cabeça, das dores na coluna, da ansiedade etc. É como soltar pesados fardos, pois são os julgamentos que carregamos. Tudo fica mais leve. Nossa mente está lúcida, limpa, aberta a receber o novo. Passamos a fluir pela vida em aceitação, amorosidade e Paz.

"Eu não conheço o significado de coisa alguma, inclusive disso. E, portanto, eu não sei como responder a isso. E não vou usar o meu próprio aprendizado passado como a luz que há de me guiar agora. Com essa recusa de tentares ensinar a ti mesmo o que não conheces, o Guia Que Deus te deu vai falar contigo. Ele tomará o Seu lugar de direito na tua consciência no instante em que tu o abandonares e o ofereceres a Ele" (*UCEM* T-14. XI.6:7-10).

Enfoque de discernimento

Em qualquer situação de conflito, você pode parar por um momento e se perguntar: "o que eu sei dessa história?"

Deixe que venham os pensamentos, solte e diga: "não sei".

Quando você se der conta de que fez um julgamento, pergunte a si mesmo: "o que eu sei dessa pessoa?"

Deixe vir todos os julgamentos, solte e diga: "não sei".

Diante de qualquer opinião formada sobre alguém, respire, observe, deixe vir os pensamentos e diga: "não sei".

Quando pensamentos recorrentes do passado te assaltarem, reconheça-os, respire e diga: "não sei".

Quando você perceber que está com medo sobre o futuro, observe, sinta e diga: "não sei".

Se alguém lhe pedir uma opinião, entre em contato com seu silêncio, reconheça que você não sabe o que é melhor ou pior e diga interiormente: "não sei".

Conectado com a humildade, você vai reconhecer um lampejo de Luz, de Sabedoria, de Lucidez. Vai estar aberto a ouvir a Voz da Razão em seu interior, a Inteligência Maior, o Espírito Santo.

Virá, então, uma palavra, uma decisão, um saber que vem do Amor.

IEs, faça com que eu me lembre que...

Diante de qualquer situação, posso entrar em contato com esse espaço de silêncio dentro de mim e exercitar o "não sei".

Não sei para que serve essa situação.

Não sei para que estou enfrentando esse conflito.

Não sei Quem Eu Sou.

Não sei Quem Você É.

10
Quem Sou Eu?

"Não tomes o julgamento do mundo como resposta à pergunta: 'O que sou eu?' O mundo acredita no pecado, mas a crença que o fez como tu o vês não está fora de ti. Não busques fazer com que o Filho de Deus se ajuste à sua própria insanidade"
(UCEM T-20.III.6:7-8; 7:1).

Quem nós pensamos que somos?

Acreditamos que somos um corpo que vive em um determinado período da história, que tem data de validade, sofre, adoece, está à mercê de fatores externos que podem nos ferir e nos ameaçam constantemente. Vivemos nossa vida em função dessa crença.

Preocupamo-nos com o bem-estar, a segurança de nosso corpo e passamos muitas horas de nosso dia em função dele. Se queremos viver mais tempo, podemos buscar uma alimentação saudável, fazer atividades físicas regularmente, dormir bem, cultivar bons hábitos mentais, porém, ainda assim, tudo isso não é garantia de uma vida longa e feliz.

Já descobrimos que não existem garantias, ou uma fórmula que sirva para todos. Surpreendemo-nos quando pessoas extremamente dedicadas ao corpo sofrem um infarto aos 40 anos. Por mais que a ciência avance, que a longevidade seja um fato, um único fim é certo aqui nesse universo de corpos. A medicina está se tornando holística, olhando para o conjunto que forma o ser humano; contudo, tem se esquecido de algo fundamental: somos Espíritos e devemos nos lembrar que é somente a mente que adoece, portanto, é somente a mente que necessita de cura.

O *UCEM* nos ensina que o corpo é um instrumento neutro, que não foi o corpo que criou a mente; foi a mente que criou o corpo com o intuito de reforçar a crença de que estamos todos separados uns dos outros. O objetivo do ego é que continuemos a sustentar a ideia de que o corpo é uma entidade autônoma, sobre a qual não temos poder, que pode ser atacado, adoecer e morrer. Identificados com o corpo, nos sentimos vulneráveis, frágeis, completamente esquecidos de nossa Magnitude – sofremos.

Se permitirmos que o ego use o corpo para reforçar a ideia de separação, por mais inconscientes que estejamos disso, experimentaremos escassez. Dissociados de nosso Ser Real, atribuímos poder ao corpo, fazendo parecer que ele tem ações independentes da mente, podendo ser seu próprio algoz ou salvador. A serviço do pequeno eu – ego –, o corpo serve para que tenhamos alguém para culpar. Seja nosso próprio corpo ou o de outra pessoa, ele passa a ser um objeto de ataque.

"Só a mente é capaz de errar. O corpo pode agir de forma errada apenas quando está respondendo a um pensamento equivocado. O corpo não pode criar, e a crença de que pode, um erro fundamental, produz todos os sintomas físicos. A enfermidade física representa uma crença na mágica. Toda a distorção que deu origem à mágica baseia-se na crença segundo a qual existe uma capacidade criativa na matéria que a mente não pode controlar" (*UCEM* T-2.IV.2:4-8).

Esquecidos de que Somos Seres Divinos, dissociados da beleza de nosso Ser Real, nos tornamos uma identidade, um eu pequeno – ego – e passamos isso que chamamos de vida, trabalhando, lutando para aperfeiçoar essa identidade. Adotamos máscaras de acordo com as situações que experimentamos, usamos armaduras para enfrentar a vida, para esconder nossa dor e o sentimento de menos valia – "sou uma ótima mãe"; "me sinto uma péssima mãe"; "sou empresária"; "eu sou calma"; "eu sou estourada". Pensamos que somos isto ou aquilo. Um de nossos grandes medos é perder essa identidade. Manipulamos e nos deixamos manipular porque nos sentimos vulneráveis, frágeis e solitários.

"O ego acredita estar completamente sozinho, o que é apenas uma outra forma de descrever como ele pensa que se originou. Esse é um estado tão amedrontador que ele só pode voltar-se para outros egos e tentar unir-se a eles em uma frágil tentativa de identificação, ou atacá-los, em uma demonstração igualmente frágil de força" (*UCEM* T-4.II.8:1-2).

Fomos criados pela Inteligência do Amor em toda Sua Abarcante e Infinita Sabedoria. Seres eternos amados e amáveis para sempre, somos uma ideia na Mente do Criador. Pensamos ter traído essa Inteligência e, a partir dessa crença, nos desviamos para o medo. Imersos no medo, deixamos de nos experimentar como Espíritos e passamos a nos sentir alminhas que precisam evoluir e expiar seu carma. Para isso, precisamos passar por provações, para podermos ser aceitos em um lugar que chamamos de paraíso.

Identificados com o corpo, nosso destino é sofrer, pois o corpo é o herói do mundo do ego e, nesse mundo, é o medo quem dita as regras. Como não ter medo se nossa experiência cotidiana é a ratificação diária do envelhecimento e deterioração do corpo? Dia a dia, comprovamos a sua fragilidade, a possibilidade de ele sofrer ataque dos mais diversos: vírus, bactérias, modificação celular – câncer etc.

Sentimo-nos pecadores e culpados; frequentemente, batemos no peito e dizemos: "por minha culpa". Culpados, esperamos a punição de um Deus cruel, julgador, que faz justiça com as próprias mãos. Nosso medo dessa punição é tão imenso que preferimos punir a nós mesmos ao invés de esperar ser punidos por Deus. Então, enviamos mensageiros ao mundo dizendo: "Eu sou mau, culpado, pecador. Pode me enviar sofrimento que eu mereço". É exatamente assim que encontramos as pedras em nosso caminho.

O resultado desse sistema de crenças é a instabilidade. Como vamos sentir confiança e proteção quando o que esperamos do mundo é punição? E temos sempre que nos lembrar de nosso poder e incrível livre-arbítrio, recebemos sempre aquilo que esperamos receber, nada mais, nada menos.

"O corpo é o lar do ego por sua própria escolha. É a única identificação com a qual o ego se sente seguro, pois a vulnerabilidade do corpo é o seu melhor argumento de que tu não podes ser de Deus. Essa é a crença que o ego ansiosamente promove" (*UCEM* T-4.V.4:1-3).

O eu pequeno que acredita estar confinado dentro de um corpo está adormecido e se sente separado do Amor. Acreditar que a pele é uma fronteira nos traz a experiência de solidão, nos sentimos ilhas. Mesmo existindo milhares de ilhas ligadas pelo oceano, sentimos como se não houvesse nenhuma ligação entre nós. Sentimento de escassez e vazio é o resultado dessa crença. Sentimo-nos desconectados. Apesar de estarmos rodeados de pessoas, familiares e amigos, não conseguimos perceber aquilo que nos une e nos torna UM.

Bem no fundo de nosso coração, existe uma lembrança, algo que nos diz que essa não pode ser a nossa realidade, não podemos ser apenas um pedaço de carne, por isso, buscamos respostas. Existe uma memória do Eterno dentro de nós, algo que nos dá a certeza de que somos muito mais do que as máscaras e os personagens que adotamos e que nossa identidade não nos representa. De alguma maneira, nosso coração sabe a Verdade. Torná-la consciente é o caminho que percorremos por intermédio da espiritualidade.

Se nosso coração sabe a Verdade, é a ele que devemos recorrer para nos ensinar o caminho de volta, a esse lugar sereno e quieto dentro de nós, que sabe que nunca deixou de ser o Ser. Se nossos disfarces e máscaras servem para nos diferenciar, intuitivamente sabemos que todos Somos UM.

Aperfeiçoar o personagem e polir a armadura não têm nos ajudado a sair do sofrimento interno, não têm aliviado a dor de nossas almas. De alguma maneira, podemos reconhecer que uma mudança no roteiro não nos libera do sonho de dualidade. Trocar de papel, de tipo ou de identidade não fará a menor diferença para o nosso despertar. Muitas vezes, essa necessidade de fabricar um personagem perfeito, espiritualizado, que só pensa positivo apenas atrasa nossa jornada.

Apesar da crença de que somos esse pequeno eu contido em um corpo, ele não é nada além daquilo que desejamos que seja. Colocar nossa fé nessa crença nos traz todas as consequências dela. Vivemos sob as leis do ego, tornamos o corpo nosso maior ídolo, damos a ele o poder de ditar como nos sentimos, de nos fazer sofrer, de nos trazer felicidade e paz. Não nos passa pela cabeça questionar as leis do ego; consideramos essas leis de escassez, doença, dor e morte como verdades absolutas.

Que tal se pudéssemos compreender que a Fonte de Vida e Amor Eterno, Todo Abarcante, tem outras leis para nós? Leis de abundância, plenitude, Vida Eterna e Paz infinita. O que nos impede de aceitar essas leis agora? É apenas nosso desejo que nos leva a experimentar exatamente o que estamos experimentando. Quando nosso desejo estiver alinhado com as leis de providência Divina, esta será a nossa realidade.

Somente uma prática alicerçada no desejo, na intenção, indulgência e entrega nos levará para fora do labirinto de ilusões em que parecemos estar presos. É por nosso próprio livre-arbítrio, por meio de uma prática consistente e determinada, que deixaremos as leis do ego e aceitaremos ser guiados pela Inteligência Espiritual.

Por intermédio Dela, gradativamente, começaremos a sentir dentro do coração que não somos esse ser pequeno que cumpre a nossa agenda. Não somos o personagem, somos o criador do roteiro, o sonhador do sonho. É a prática consistente do Perdão que vai nos devolver a consciência de que isso que chamamos de vida é apenas uma ilusão de ótica, um desvio para o medo, uma projeção, bem como que nós somos a consciência, a tela onde tudo parece estar acontecendo. Essa pessoa que chamamos de eu não passa de um objeto do sonho, um personagem, uma história falsa sobre o Ser que o Amor criou. Somente pela Visão do Amor, poderemos reconhecer a qualidade ilusória desse sonho e soltar.

Pare por alguns momentos e reflita: quem Sou **Eu** quando não sou **eu**? Quem Sou Eu quando solto minha identidade, minha história, meus sofrimentos, meus ídolos?

> "Vês a carne ou reconheces o espírito. Não é possível nenhuma transigência entre os dois. Se um é real, o outro tem que ser falso, porque o que é real nega o seu oposto. Não existe nenhuma escolha na visão, exceto essa. O que decides em relação a isso define tudo o que vês e pensas que é real e manténs como verdadeiro. Dessa única escolha, depende todo o teu mundo, pois aqui estabeleceste o que tu és, carne ou espírito na tua própria crença" (*UCEM* T-31.VI.1:1-6).

Você é aquilo que busca! É Alegria Serena, Paz que transcende o entendimento, Gozo, Benevolência e Graça; Mente Invulnerável. Tudo que precisamos é despertar para essa realidade e, a partir desse momento, o que Somos será consciente de Si Mesmo. É hora de reencarnação, de permitir que o Amor seja nossa expressão. É hora de realizarmos nossa função de criar em Unidade com nosso Criador somente o que é bom, belo e sagrado.

O *UCEM* traz em suas páginas uma fórmula para despertarmos. É a fórmula do perdão não dual, ou perdão verdadeiro. Conforme praticamos esse tipo de perdão que o Curso ensina, vamos aprendendo gradativamente a liberar a crença no corpo, o que faz com que, consequentemente, o medo vá diminuindo. Quando o medo diminui, nossa mente vai se curando, vamos soltando o investimento no sofrimento. Assim, jogar a culpa lá fora e usar o vitimismo como artimanha para conseguir amor já não fazem mais sentido.

Vamos entendendo que o corpo não pode criar a doença nem a saúde, pois não tem capacidade criativa. O corpo é neutro. A mente é que toma a decisão de se aliar à Inteligência Espiritual ou ao ego. Aliada ao ego, usa o corpo para descarregar a culpa, projetando nele os mais diversos sintomas físicos, doenças, dores, usando o corpo para provar que a morte é real, a única coisa certa, e que a separação é real.

Quando a mente se alinha à Inteligência Espiritual, o corpo passa a ser um instrumento a serviço do Amor e será deixado de lado quando sua tarefa tiver chegado ao fim. Não significa que será incorruptível, que não terá nenhum tipo de sintoma, mas, sim, que não determinará mais como vamos nos sentir. O corpo então é reconhecido como apenas um efeito, e a mente volta ao nível de causa que é o seu lugar. Todo o poder vem do Amor.

"O Espírito Santo te ensina a usar o teu corpo só para alcançar os teus irmãos, de forma que Ele possa ensinar a Sua mensagem através de ti. Isso irá curá-los e, por conseguinte, curará a ti" (*UCEM* T-8.VIII.9:1-2).

IEs, faça com que eu me lembre que...

O corpo é neutro e sempre está a serviço da mente.
"Eu não sou um corpo. Eu sou livre, pois ainda sou como Deus me criou" (*UCEM* L-pI.199).

Estou disposto a soltar minha identificação com o corpo.

Sei que, quando eu fizer isso, estarei em segurança, no perfeito Amor da Fonte, em alegria infinita e invulnerabilidade.

Os dois propósitos para o corpo

"Por pouco tempo, o Amor de Deus ainda tem que ser expresso através de um corpo para outro, porque a visão ainda é tão tênue. A melhor forma de usar o teu corpo é utilizá-lo para te ajudar a ampliar a tua percepção de modo que possas conseguir a visão real, da qual o olho físico é incapaz. Aprender a fazer isso é a única utilidade verdadeira do corpo"
(*UCEM* T-1.VII.2).

Nós não nos damos conta, no entanto, de que estamos constantemente usando o corpo como um instrumento egoico de ataque. Isso acontece quando adoecemos, sofremos acidentes, ficamos tristes, sentimos dores, nos viciamos, comemos demais, nos tornamos vítimas da imagem de um corpo perfeito etc. Usamos o corpo para atacar quando nos sacrificamos pelos outros, quando estamos com pressa, nos sentindo ansiosos, quando vivemos do passado e nos preocupamos constantemente com o futuro, quando pensamos que os outros são responsáveis pela nossa felicidade ou pelas nossas frustrações.

Dessa forma, humilhamos nosso Criador. E enquanto O tornamos impotente, damos pleno poder ao ego para transformar o Eterno em mortal, o Perfeito em imperfeito e a Alegria em sofrimento. Ainda bem que isso só é possível em sonhos. Vida e morte não podem coexistir. Se a morte é real, a Vida seria uma paródia.

O *UCEM* nos ensina que o corpo, assim como tudo neste Universo, é um instrumento neutro. Por si só, não tem capacidade criativa. É a mente que governa o corpo e faz isso por meio do sistema de pensamentos que adota – Amor ou medo. Quando o

Tomador de Decisões – a parte de nossa mente que decide entre um ou outro sistema – escolhe a Inteligência Espiritual – a Inteligência Maior, o Espírito Santo –, o corpo passa a ter um novo propósito. Deixa de ser um instrumento útil ao ego e passa a estar a Serviço da Inteligência Espiritual. Por intermédio do ego, o corpo serve para provar que a Inteligência do Amor – Deus – está errada e para justificar o ataque e a separação. Quando o Tomador de Decisões escolhe servir ao Espírito, o corpo se transforma em um canal para a expressão do Amor no mundo da forma. Tudo que o ego fabrica para nos manter presos no labirinto, a Inteligência Espiritual pode usar, se entregarmos a Ela, para nos tirar dele.

É assim que o propósito do corpo se transforma completamente, deixa de ser um perpetrador do medo para se tornar um canal de comunicação do Espírito. O corpo passa a ser um dispositivo de ensino-aprendizagem, pois quando um pensamento estabelece morada em nossa mente, todo o corpo se compromete com essa energia, se prepara para expressá-la, seja por meio de palavras, gestos ou atitudes. O corpo está sempre comunicando aquilo que faz morada em nossa mente.

Quando entendemos que tudo passa a ser útil se for entregue à Inteligência Espiritual, já não buscamos mais o que nos diferencia. O corpo deixa de ser um meio de projeção da culpa, um meio de ataque e defesa e passa a ser um agente de milagres. Começamos a entender que ele não é mais poderoso do que a mente. É um meio de recuperarmos a memória – consciência – perdida.

Jesus, nosso Irmão mais velho, foi a maior testemunha do Amor de Deus para nós, do poder libertador do Amor e da Unidade. Se seguirmos Seus passos e Seus ensinamentos por intermédio do UCEM, passaremos a desmontar as barreiras que colocamos entre nós. Entregando nosso corpo para a Sabedoria Infinita, nossa jornada passa a ter um significado real. Deixamos de expressar o ser pequeno e passamos a expressar o Ser, nossa identidade crística.

O *UCEM* nos ensina que a forma mais rápida de despertar e

relembrar Quem Somos de verdade é pela prática consistente do perdão verdadeiro. Conforme nos tornamos perdoadores, vamos desmontando todas as projeções do ego, assim liberando o corpo para estar a Serviço da Inteligência Espiritual.

Enfoque de discernimento

Convido você a ser verdadeiramente honesto consigo, a observar seus pensamentos e identificar onde está a sua crença. Em que você realmente acredita, não intelectualmente, mas de verdade?

Escute seu coração, observe, sinta...

Use um pequeno caderno para anotar as suas reflexões, para que, ao final, você possa entregá-las à Inteligência Espiritual para serem transformadas.

Comece a observar o quanto você precisa defender o seu corpo, o quanto você acredita nas leis de escassez, doença e morte do ego.

Reconheça e anote todas as vezes em que você se pegar colocando a causa da dor, da escassez e do conflito fora de sua mente.

Observa o quanto você planeja sua vida.

Quando estiver comendo, preste atenção no quanto você pensa que a comida vai lhe fazer engordar ou que vai lhe trazer saúde e beleza.

Preste atenção em como você utiliza seu corpo para conseguir amor e carinho.

Você já sentiu que alguma doença lhe trouxe cuidados e atenção das pessoas?

Observe seus pensamentos e reconheça aqueles que o tornam refém do mundo.

Reconheça se você acredita que precisa morrer para chegar a Deus.

Observe, reconheça, anote e entregue à Inteligência Espiritual.

IEs, faça com que eu me lembre que...

Estou aqui somente para ser verdadeiramente útil.

Eu posso escolher colocar o meu corpo a serviço do ego ou do Amor.

Eu escolho permitir que a Inteligência Espiritual Se manifeste por intermédio de meu corpo.

Eu não preciso saber, nem fazer nada, posso apenas permitir que meu corpo seja um veículo da Paz. Assim, percebo meu corpo servindo a um propósito Divino.

Eu me sinto imensamente grato por permitir que o meu corpo seja um veículo da Paz.

11
Reconhecer nossa grandeza

"A grandeza é de Deus e somente Dele. Portanto, ela está em ti. Sempre que vens a estar ciente dela por mais que essa consciência seja vaga, automaticamente abandonas o ego, pois, na presença da grandeza de Deus, a falta de significado do ego vem a ser perfeitamente aparente"
(*UCEM* T-9.VIII.1).

Quem Somos está além de qualquer conceito que possamos ter, além de qualquer definição que possamos conceber. Talvez ainda não tenhamos as palavras para descrever esse estado de Pura Sabedoria e Amor. Palavras são apenas símbolos de símbolos usadas por uma mente que se sente fragmentada por isso, a gigantesca dificuldade para definir o estado de Unidade.

Para poder colocar palavras nesse estado mental de Unidade, que também podemos chamar de Céu ou Paraíso, precisamos de um nível de abstração que ainda não alcançamos e a capacidade de conceber o mundo invisível – Mente –, onde a realidade transcende o mundo da forma, onde tudo é Um e não existem partes separadas, apenas o todo.

Somos Amor, ponto final! Quando despertamos para essa realidade, acaba o treinamento do perdoador. Nada precisa ser acrescentado, porque tudo já nos foi dado. Somos Mente Invulnerável, Unidade Pura. Em essência, estamos muito além de nossa personalidade, de nossa individualidade, muito além de nosso especialismo, de nossas carências. Existem estudos afirmando que 90% das pessoas acredita ser imortal. Sendo essa a crença da imensa maioria de nós, por que a nossa experiência ainda é de que somos simples mortais? Por que será que a morte tem um papel fundamental no sistema de pensamento do ego? Pode acreditar, ela é a prova de que Deus não existe.

Bem no fundo de nosso inconsciente, existe uma memória de Vida Eterna, nosso coração sabe a Verdade e guarda dentro de si a semente da imortalidade. Para que essa semente germine e dê frutos, precisamos regá-la com devoção e persistência, vencer nossas resistências e cultivar o desejo profundo de Amar.

Durante o tempo em que continuarmos seduzidos pela ideia de "ser especial", haverá culpa; como consequência, o medo do Amor. Enquanto não tivermos consciência plena de que a causa desse medo não é real, estaremos colocando nosso despertar como uma meta futura, algo que está ainda bem distante, talvez para os dias de velhice, ou para a próxima vida, quem sabe.

Quando comecei a estudar o Curso, eu não tinha consciência do medo que sentia, não o reconhecia por trás da raiva, da tristeza e da ansiedade. Muito menos consciência eu tinha da profundidade do medo de Deus que alimentavam minhas crenças; enfim, eu não conseguia reconhecer o medo em meu sofrimento e em praticamente nenhum aspecto de meus problemas.

Foi como uma bomba descobrir que é o medo que alimenta esse universo. Parecia surreal, eu questionava e discordava dessa ideia com frequência. Apesar disso, o Curso era verdadeiro para mim. Em minha intimidade com Jesus, eu sabia que ele era a resposta ao meu pedido de ajuda. Enquanto lia o texto, eu ia fazendo os exercícios, os quais não compreendia. A cada frase eu tinha mais certeza: a Mente que escreveu essas linhas não é deste mundo. Era incrivelmente surpreendente, transformador, amoroso e sábio. Eu não tinha mais como voltar à minha velha forma de pensar.

"Tens estado amedrontado com todas as pessoas e todas as coisas. Tens medo de Deus, de mim e de ti mesmo. Tu Nos percebeste mal ou Nos criaste equivocadamente, e acreditas no que fizeste. Não terias feito isso se não tivesses medo dos teus próprios pensamentos. Os que têm medo não podem deixar de criar de forma equivocada, porque percebem equivocadamente a criação" (*UCEM* T-2.VII.3:4-8).

Praticar os exercícios do *UCEM* abre as portas do nosso inconsciente de uma maneira amorosa e gentil. As fichas acabam caindo nos momentos mais interessantes e inesperados. Para mim, foi – e continua sendo – um processo que, por meio da prática cotidiana do Perdão, me permite entrar em contato com as negruras que estão bem guardadas no fundo do inconsciente. Uma delas foi me deparar com o medo de Deus. Algo que eu nem de longe poderia imaginar sentir e que, a princípio, me chocou profundamente. Questionei e duvidei, afinal, eu pensava acreditar que Deus sempre foi Amor. Até que um dia, conversando com duas pessoas, uma delas comentou:

– Que triste aquele acidente que tirou a vida daquele menino tão jovem!

Em seguida, a outra pessoa completou:

– Pois é, é difícil aceitar essas coisas, mas Deus sabe o que faz.

Aquele foi um salto quântico, um momento de expansão da consciência. Ficou absurdamente claro para mim o profundo medo de Deus, oculto, subjacente a esta expressão: "Deus sabe o que faz". Em meu ambiente familiar, costumava ouvir meus pais falarem: "O Velhinho sabe o que faz". Esta era uma forma carinhosa de nos resignarmos perante as situações difíceis, mortes de entes queridos, tragédias, acidentes, tormentas e outros problemas quando as coisas não saíam de acordo com o esperado.

Não havia mais dúvidas! O medo de Deus estava impregnado em minhas crenças, programas familiares e sociais e impregnado no inconsciente coletivo. De acordo com o *UCEM*, o medo de Deus é o quarto e último obstáculo a ser vencido para podermos experimentar a paz perfeita e a felicidade plena, que são nossa herança natural, e para realizar o Ser que somos em essência. O medo de Deus é, na maioria esmagadora das vezes, inconsciente e a base de nosso sofrimento.

O Deus que o mundo conhece é um Deus que dá a vida para depois tirá-la, normalmente pela dor e pelo sofrimento. Como vamos nos aproximar de um Deus que escolhe ajudar apenas alguns e que, ainda por cima, enviou Seu Filho mais amado para morrer pelos pecados de todos os outros, renegados, inferiores? Possuídos por essa visão de Deus, como vamos nos sentar em seu colo, nos aconchegar em seus braços? Deus está lá, e nós, aqui, fazendo o possível para sermos suficientemente bonzinhos para passarmos pelo seu julgamento. Essa é a visão dualista de um Deus tirano; a partir dela, nos sentimos pequenos, errados, pecadores e mortais, cada vez mais distantes de nossa Grandeza e Imortalidade.

Nosso maior medo não é de nossa pequenez; com ela, estamos acostumados, é o nosso refúgio, pois é nela que nos escondemos. Nosso maior medo é de nossa Grandeza, do Amor, da Luz que brilha em nosso interior. É deixar de sermos um personagem pequeno, vitimista e sofredor para ser o Cristo – a Unidade Indivisível do Amor. Este é nosso maior medo: a Unicidade! Somente Nela que experimentaremos o Gozo, a Graça de Ser Quem Verdadeiramente Somos.

Nossa mente dualista não consegue conceber a abstração, por isso tememos o Amor, pois Ele não tem forma, espaço, tempo e opostos. Ele é nossa realidade, o que fomos criados para Ser/expressar. Um único Ser em unidade com sua Fonte. O Amor não exclui, não compara, não ignora, não repele, não julga, não critica. Para o Amor, somos valiosos muito além do que podemos imaginar. Somos amados, amáveis e amorosos para sempre.

O Amor está além do que podemos aprender e ensinar...

> "O Curso não tem por objetivo ensinar o significado do amor, pois isso está além do que pode ser ensinado. Ele objetiva, contudo, remover os bloqueios da consciência à presença do amor, que é tua herança natural" (*UCEM* T.I.1:6-7).

O Amor é consciência, é presença, é o Ser. Uma vida espiritualmente inteligente se torna um caminho para relembrar. Um caminho para soltar o ego, desapegar de seus conceitos, nos libertarmos de suas leis caóticas. Nosso objetivo é o Mundo Real, um nível de Consciência de Unidade. O Curso alerta que já estamos Nele, embora cegos para essa realidade. Por essa razão, precisamos de Milagres – Perdão Verdadeiro –, para que possamos recuperar a Visão.

Não é por meio de nossos cinco sentidos que poderemos reconhecer Quem Somos. Precisamos de ajuda da Inteligência Espiritual para ver por intermédio de Seus olhos, ouvir por intermédio de Seus ouvidos e assim abrir o nosso coração para uma realidade que transcende o mundo da forma. Cultivar a Mentalidade Aberta, o Discernimento, a Humildade e a Confiança, assim como entregar cada pequeno apego do pequeno eu, os ídolos, desejos, as vaidades e tudo aquilo que não vibra na frequência do Amor, são as formas que encontraremos nossa Divindade.

> "Suprindo a tua Identidade onde quer que Ela não seja reconhecida, tu A reconhecerás" (*UCEM* T-14.X.12:7).

Não somos nossa causa, não criamos nós mesmos. Somos o efeito da perfeita criação da Inteligência do Amor, o Cristo. Podemos nos diminuir, nos vitimar, nos tornar perdedores, insatisfeitos, solitários e doentes, mas não podemos tornar isso Real. É claro que esse sonho de conflito e sofrimento é bem real para nós.

Continuamos tão seduzidos pelo especialismo, mergulhados em nossa aparente individualidade e preocupados em reforçar nosso eu pequeno que não conseguimos enxergar o óbvio: que todo nosso sofrimento vem dessa escolha.

"O princípio de causa e efeito agora vem a ser um real expedidor, embora apenas temporariamente. De fato, 'Causa' é um termo que propriamente pertence a Deus, e Seu 'Efeito' é o Filho de Deus" (*UCEM* T-2.VII.3:10-11).

Existem um tesouro enterrado em nosso interior e um mapa para chegar lá. O perdão é esse mapa; ser um perdoador é usar esse mapa. Ele nos coloca na via direta, no caminho mais curto. Chega de escalas, pois é hora de voo direto. Podemos começar a sentir o conforto de saber que estamos no caminho certo desde agora. Podemos respirar profundamente, sentir a paz que vem ao saber que somos perfeitos, completos. Que não somos maus, pequenos e insignificantes. Que não somos pecadores e que o pecado é impossível no nível da realidade.

Podemos respirar fundo, descansar, pois já estamos nesse lugar de Paz e Contentamento, onde somos aceitos, amados e não necessitamos de defesas. Um nível de Consciência de Serenidade e Plenitude onde não há mais necessidade de julgar, os medos foram entregues, e toda sensação de separação foi desfeita. Um nível mental de presença e aceitação profunda. Aqui, os milagres são naturais. É o Reino do Coração, onde tudo emana de uma única Fonte, uma Única Mente, sem limites, sem tempo, sem brechas, onde não existem diferenças, onde Somos Todos Um.

Habitar no Mundo Real significa dizer que estamos acessando um nível de consciência de unidade. Não se trata de um lugar, e sim de um estado da mente. Para chegar lá, é necessário que façamos um profundo treinamento mental. Nosso recurso, como estudantes do Curso, para fazermos esse treinamento, é o perdão verdadeiro. É com sua prática consistente que galgamos níveis de consciência mais elevados. A base para iniciarmos essa prática é a observação do sentir: se não estou em paz, há coisas para perdoar.

É o medo que está por trás de nossa falta de paz. Ele é a base de sustentação do ego, o combustível que impulsiona esse universo. Está por trás da formação de nossa identidade, das buscas do pequeno eu, do sentimento de escassez e da necessidade de superação, é ele que movimenta o mundo. O medo nasce da culpa por acreditarmos que estamos separados de nossa Fonte. A culpa e seu consequente medo dão origem ao mundo que vemos. Não reconhecemos o medo como base subjacente a tudo, porque ele adota muitos disfarces. O *UCEM* nos ensina, porém, que existem somente duas emoções: Amor e medo. Se não estamos em estado de Graça, expressando Amor, estamos no medo, e nele nos sentimos pequenos, frágeis e oprimidos; por meio dele, buscamos grandiosidade, pois estamos esquecidos de nossa Grandeza.

O desejo de ser especial, de criar por conta, nos levou a decidir pelo sistema de pensamento do ego, o que resultou em um estado impossível, que é estar separados de nossa Fonte. A suposta realização desse desejo trouxe como consequência o medo que contamina absolutamente tudo que os olhos do corpo podem ver. Separarmo-nos de nossa Fonte é impossível, por isso esse estado em que nos vemos fragmentados é um estado ilusório, como um sonho do qual podemos acordar à medida que aprendemos a reconhecer nossa aposta no medo e escolher outra vez.

Trilhar esse caminho requer disciplina, determinação, muita paciência e gentileza conosco. É preciso que sejamos honestos, corajosos e verdadeiros. Devemos deixar toda a falsidade de lado, parar de negar o sentir, nos tornarmos permitidores e aprender a ser observadores equânimes. Nossa prática deve ser a mais honesta possível em um processo de desfazer e soltar o ego. Nada de luta, de se revoltar ou de querer negá-lo. Não é a construção ou melhora do personagem, e sim o desfazer da grandiosidade, para que a Grandeza de nosso Ser Divino se revele.

O Ser que somos em essência não precisa ser buscado. Ele é Quem verdadeiramente Somos, está presente onde quer que estejamos. Não podemos vibrar nessa frequência porque aprisionamos Ele sob capas de falsidade. Toda nossa luta diária, desde o momento em que acordamos até a hora de dormir, busca validar e dar continuidade a essa identidade falsa. É exatamente esse nosso investimento do personagem que nos impede de reconhecer nossa Divindade, o Ser imutável, perfeito, invulnerável que Somos em essência.

O ego nos conta que se olharmos para dentro, vamos nos deparar com coisas terríveis e cruéis, por isso faz de tudo para que continuemos olhando para fora. No entanto, não existe outro caminho; somente quando formos verdadeiramente honestos e estivermos dispostos a olhar para nossa escuridão, poderemos transcendê-la. Esse é o verdadeiro trabalho interior, um caminho de honestidade, o caminho de todo místico buscador da verdade.

> "A procura da verdade não é senão procurar honestamente tudo o que interfere com a verdade. A verdade é. Não pode ser perdida, nem buscada, nem achada. Ela está presente onde quer que estejas, estando dentro de ti" (*UCEM* T-14.VII.2:1-4).

Quanto mais olhamos e desenterramos nosso medo e culpa, quanto mais aprendemos a praticar o perdão verdadeiro, mais tomamos consciência de que o medo e a culpa não têm bases de fundamento, são falsos. Uma vida falsa, uma história falsa e um personagem falso são coisas que já podemos reconhecer. É exatamente isso que nos garante a possibilidade de retirar nosso apoio a esse sistema de pensamento, mente errada, e nos aproximarmos cada vez mais do sistema de pensamento que nos leva de volta à Divindade, à Mente Certa, à Inteligência Espiritual. Ela está dentro de nós, atenta, disponível, oferecendo ajuda sempre que estivermos dispostos a olhar para nossa sombra. Jung diz: "Ninguém se ilumina vendo figuras de luz, nós nos iluminamos olhando para nossa própria sombra".

O esquema a seguir ajuda muito a entendermos que, para chegar ao núcleo, que é o Verdadeiro em nós, precisamos passar pelo falso ser que construímos.

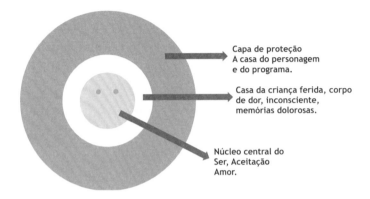

O Núcleo é a essência do Ser. Enterrado sob capas de falsidade, Ele permanece intocado pelo mundo, à espera de uma decisão para que possa renascer. Estamos tão completamente envolvidos com a capa de proteção, em defender, proteger, aperfeiçoar, melhorar uma autoimagem idealizada, uma identidade própria, tão completamente esquecidos do núcleo, que, para nós, o personagem é a realidade.

A viagem até o núcleo parece distante e impossível. Distanciamo-nos tanto de nossa essência que nos percebemos perdidos em um labirinto, sem encontrar o fio da meada que vai nos levar de volta para casa. Posso garantir a você que não existe momento mais propício para esse retorno. Você está no lugar certo, com as pessoas certas, experimentando exatamente o que deveria estar. Tudo é perfeito para o seu trabalho de retorno ao Ser. O perdão verdadeiro é o caminho mais curto para retornar ao núcleo.

O trabalho começa por percebermos que não somos isso que chamamos de eu, não somos esse ser vulnerável, com seus valores e crenças – essa é a parte falsa, aquela que necessitamos soltar para que possamos reconhecer Quem Somos. Começamos a soltar a armadura quando, primeiro, aprendemos a ouvir a criança ferida, a acolher seus gritos, ouvir seus lamentos, identificar suas dores. Esse é um trabalho para fortes. Devemos ser obstinados, corajosos e, principalmente, gentis e amorosos conosco. A capa da criança ferida (Eckart Toller chama de "o corpo de dor") precisa ser ultrapassada, nunca negada. Não adianta fazer *bay pass* espiritual, ou seja, querer criar contornos por meio da negação do sentir. É preciso sentir, sentir e sentir. Tornar-se um permitidor, permitindo tudo que emerge no lago de nossa consciência.

À medida que permitimos que mais e mais pensamentos destrutivos, malvados e assassinos emerjam e os entregamos à Inteligência Espiritual para serem transmutados, vamos limpando a capa das memórias dolorosas. Esse processo contínuo de observação e entrega vai tornando as duas primeiras capas cada vez mais e mais transparentes até que, um belo dia, começamos a reconhecer uma tênue imagem do Núcleo, então o Ser começa a se revelar e surge no Silêncio profundo da Mente, em todo seu esplendor, claro, límpido, cheio de Luz e Paz.

Nunca deixamos de ser o Ser – Divinos – Puro Amor. Quando as barreiras que construímos são derrubadas uma a uma, assim como o Buda de Ouro, nossa essência se revelará em um brilho eterno, como ouro na presença do sol. Somente quando formos capazes de nos despir de nossa grandiosidade, acolhendo a criança ferida e integrando todos os aspectos do corpo de dor é que poderemos chegar à Luz que não se apaga e, assim, toda nossa Grandeza nos será revelada como uma única e imutável realidade – Amor.

Enfoque de discernimento

Acredito que sou pequeno e fraco, mas Sou um espelho da Verdade, e a Verdade me criou forte.

Acredito que sou tão incapaz, mas Sou um espelho da Verdade, e a Verdade me criou capaz.

Sinto tanta insegurança, mas Sou um espelho da Verdade, e a Verdade é totalmente segura.

Acredito que posso sofrer perdas, mas Sou um espelho da Verdade, e na Verdade a perda é impossível.

Reconheço que sinto inveja, mas Sou um espelho da Verdade, e a Verdade me faz sentir que Sou Uno com tudo que existe.

Às vezes, me sinto miserável, mas Sou um espelho da Verdade, e a Verdade é abundância infinita.

Acredito que sou esse personagem que chamo de eu, mas Sou um espelho da Verdade, e a Verdade é o Ser que tudo abarca.

Percebo que julgo frequentemente, mas Sou um espelho da Verdade, e a Verdade é perdão verdadeiro.

Acredito na culpa, mas Sou um espelho da Verdade, e a Verdade é totalmente inocente.

Muitas e muitas vezes, busquei a grandiosidade, mas, hoje, reconheci minha Grandeza.

IEs, faça com que eu me lembre que...

Minha Fonte é o Amor.
A Paz e a Felicidade são minha herança.
Sou sustentado, amado e protegido.
Minha Grandeza e inculpabilidade estão garantidas por Deus.
Sou inocente, somos todos inocentes, para sempre.

12
Espelho, espelho meu

"O teu irmão é o espelho no qual vês a imagem de ti mesmo enquanto durar a percepção. E a percepção vai durar até que a Filiação se reconheça como um todo. Tu fizeste a percepção e ela tem que durar enquanto a quiseres"
(*UCEM* T-7.VII.3:9-11).

Todo trabalho espiritual sério consiste em deixar de apostar no ego. Vimos que o Eu Real está aqui, sempre esteve, intacto, inalterável, invulnerável, que não precisamos fazer nada para torná-lo o que já É. Nosso trabalho consiste em desfazer, soltar, perdoar, nos desvencilhar das máscaras que adotamos e afirmamos ser a nossa identidade. Para isso, contamos com a maior ajuda que poderíamos almejar, a ajuda da Inteligência Espiritual, essa Instância Mental de pura sabedoria que habita nosso interior. Somente com o auxílio da parte de nossa mente que nunca esqueceu Quem É, poderemos relembrar.

Aprendemos a forjar uma identidade, a defendê-la com unhas e dentes. Intelectualmente, sabemos que somos Divinos, entretanto, em nossa experiência, somos pequenos, mortais, necessitando de proteção constante. A pergunta que podemos nos fazer é: o que leva um Ser Divino a experimentar pequenez? Por que negamos nossa essência? Qual o benefício que a pequenez nos traz? É por meio dela que jogamos o jogo da dualidade, criamos a parte de nosso criador e nos tornamos tão especiais. O resultado dessa "suposta" experiência é o medo. O medo é gerado pela culpa inconsciente de que conseguimos anular os efeitos da Fonte e nos tornamos, nós mesmos, o Deus deste mundo.

É justamente, a partir dessa crença impossível de que estamos separados de nossa Fonte e criando que nasce o sentimento de ser mau e errado, um pecador culpado. Lá nos recônditos de nosso subconsciente, acreditamos mesmo ter aniquilado a Fonte. Confirmamos essa crença a todo instante quando escolhemos ser um corpo, nos magoamos, sofremos, sentimos raiva, atacamos, acreditamos ser maus etc. Inclusive, é por acreditarmos em nossa maldade que não temos coragem de olhar para dentro. Adotamos a face da inocência, fabricando um falso ser que tenta constantemente se adequar ao mundo porque se sente extremamente inadequado.

O *UCEM* nos mostra que a alucinação em que nos encontramos é fruto de termos levado a sério a ideia de separação. A boa-nova é que podemos rir dessa ideia. O Curso nos ensina que "ideias não abandonam sua Fonte", é simplesmente impossível estarmos separados e abandonados pela Fonte. Quando formos capazes de rir dessa crença, ela deixará de ter poder sobre nós. Ter levado a sério a ideia de separação traz como consequência a culpa. Nunca menospreze essa ideia, pois é uma energia tão bombástica que tem o potencial de criar mundos.

Quem poderia imaginar que a culpa é a energia que dá vida e alimenta este Universo? Sentir culpa é de fato demolidor, principalmente uma culpa grande como essa. Impossível de suportar. Em busca de uma saída para nos livrarmos dela, encontramos no ego a saída: jogar a culpa lá fora. Surge a fragmentação: pessoas, objetos e situações para culpar.

Essa é uma pseudossolução, uma vez que a culpa permanece sem ser desfeita e acaba voltando como um bumerangue. Fazer o jogo do ego, buscando um culpado lá fora enquanto fazemos a face da inocência, é o que o alimenta, pois dar e receber são a mesma coisa. Quando vemos a culpa no outro é justamente porque não podemos reconhecer em nós mesmos. Aceitar a solução que parece a mais fácil, a projeção, é a maneira de fabricar dualidade. Aparentemente, são dois seres, um inocente o outro culpado, em um ciclo de ataque e defesa quase interminável. Vejo lá fora, no outro, os aspectos que não posso reconhecer nem aceitar em mim mesmo.

Quando completei 15 anos, escolhi uma frase para compor o convite: "O mundo é como um espelho, se sorrires para ele, ele sorrirá para ti". Naquela época, eu não tinha nem a mais remota ideia da implicação e profundidade dela. Também não tinha noção do quanto isso é literal. Hoje, sei que a via direta para meu inconsciente, a maneira mais fácil de identificar e reconhecer os aspectos negados de meu personagem, aqueles que preciso perdoar e soltar, é o espelho. Ele sempre me mostra aquilo que não quero mostrar para mim mesmo.

O mundo é uma imensa tela, cujo projetor é minha mente. Nessa tela estão projetados as pessoas e os cenários que acionam meu conteúdo interno. Aquilo que está reprimido, guardado a sete chaves, programas familiares inconscientes, acordos, segredos, enfim, o que não quero ver e que não posso aceitar. São situações que acionam as mágoas, os traumas, o ódio reprimido e os medos mais profundos.

Precisamos da ajuda de um suposto outro para reconhecer em nós mesmos aquilo que está negado e projetado. Quando negamos, reprimimos e isso parece ter desaparecido, porém, fica lá no porão de nosso inconsciente, só esperando o momento certo para nos sequestrar. Do lado de "fora" estão os nossos valores, não aqueles que declaramos verbalmente, e sim aqueles que vibram dentro de nós. No mundo, com seus problemas e dificuldades, com sua abundância financeira ou escassez, estão as crenças que nos limitam e aquelas que nos impulsionam. É uma infinidade de símbolos que utilizamos para projetar a culpa inconsciente.

Qual a diferença entre o conteúdo do projetor e aquele que está na tela? Nenhuma. No Curso, Jesus nos leva a reconhecer que tudo é o mesmo conteúdo, o conteúdo do meu sonho. É muito normal, no início, duvidarmos da lei da projeção, mas logo depois passamos a lutar contra essa ideia; um pouco mais à frente, vem a culpa. Conforme avançamos, a relação de causa e efeito entre os nossos pensamentos, e o que acreditamos ser e o mundo fora de nós, começa a ficar evidente.

Para despertar, precisamos, primeiro, reconhecer que estamos dormindo, sonhando e que este mundo é uma projeção de nossa mente. Nossas experiências oníricas de separação e sofrimento, por mais reais que pareçam, não passam de ilusões. Acreditar que podemos estar separados do Amor e de tudo ao nosso redor produz uma espécie de alucinação coletiva, uma vida falsa, um falso ser. Reconhecendo isso, podemos perdoar. O Perdão é a fórmula mais poderosa que existe para desfazer as ilusões. Vamos gradativamente soltando o pequeno eu, com humildade e paciência.

O que o outro nos mostra é sempre o conteúdo de nossa mente, o qual julgamos impróprio, desprezível e indigno. É sempre a intenção de provar que somos vítimas em um mundo que pode nos causar dano. Como podemos romper o padrão da projeção? Primeiramente, olhamos para fora e sentimos. Logo olhamos para dentro, acolhemos, integramos e reconhecemos como um cenário de nossa mente: o mundo que vejo não é nada mais, nada menos do que o efeito dos pensamentos que tenho sustentado em minha mente. Assim, iluminamos a escuridão, abrimos a janela do sótão, jogamos luz e vamos abrindo os baús há tanto tempo trancafiados, permitindo que seus conteúdos negados venham para a consciência. Por trás de cada pensamento de culpa está um milagre esperando para ser aceito. Quando não tivermos mais nada para esconder, o espelho refletirá nossa Divindade.

O ego fará de tudo para que não atravessemos o nevoeiro, pois enquanto negarmos a culpa, ela permanecerá dentro de nós, seguiremos projetando e continuaremos dando poder aos cenários para serem a causa de nosso sofrimento e felicidade. O que poderia estar além de todo medo e toda culpa? O que restará quando eles se dissiparem? Nossa Luz, a Verdade de Quem Somos.

Hoje, sou imensamente grata a todos os espelhos e cenários que meu inconsciente me traz. Consigo reconhecer aspectos de meu pequeno eu em atitudes que me transtornam e me deixam irritada, naquilo que me causa dor, tristeza, angústia e raiva, mas sei que são símbolos da culpa inconsciente, expressões que ainda não foram perdoadas. Em instantes santos de revelação, vislumbro o Cristo Vivo naqueles que me cercam. Posso reconhecer o Amor Maior por meio do brilho do olho, da Alegria Serena, de um sorriso e da Inteligência do Amor naqueles que praticam o Perdão. Vejo-me em todos e perdoo a ideia de separação em minha mente.

É por intermédio do "outro" que o Amor se revelará. Enquanto houver qualquer resquício de julgamento em minha mente, qualquer tipo de acusação e crítica, enquanto eu sentir medo de meus irmãos, não poderei reconhecer Quem Sou. Não poderei me reconhecer como Um Só Ser. Sei que o caminho é a prática do Perdão, nos casos específicos, nas pequenas coisas do dia a dia. É por meio dessa prática honesta e cotidiana que as névoas vão se desvanecendo, a mente vai se tornando mais e mais clara e, enquanto a consciência se eleva, a Verdade vai sendo revelada.

Exercício

Este é um exercício muito simples e direto para o reconhecimento da projeção. Eu o experimentei pela primeira vez em um treinamento do *Psych-k* sobre crenças. Foi extremamente esclarecedor, por isso replico aqui. Mesmo que você já tenha feito, pare por alguns minutos para fazê-lo. Pode repeti-lo sempre que algum botão em você for acionado.

Escreva o nome de três pessoas.
Ao lado, coloque as características delas que você detesta ou que o irritam.

_____

_____

_____

_____

_____

Novamente, escreva o nome de três pessoas (pode, inclusive, ser as mesmas da questão anterior).
Ao lado, coloque as características delas que você admira e ama.

_____

_____

_____

_____

_____

Agora, risque o nome das pessoas. Escreva o seu próprio nome. Leia as características devagar, pausadamente, observando sua reação.

"A percepção é um espelho, não um fato. E o que enxergo é o meu estado mental, refletido fora de mim" (*UCEM* L-pII.304.1:3).

Se você fez o exercício com consciência e honestidade, perceberá que tudo está em você. É impossível reconhecer lá fora algo que não está latente dentro de nós. O mundo e as pessoas à nossa volta são espelhos que estão refletindo nosso interior. Se queremos sanar o mundo e as nossas relações, não devemos colocar nossa energia em mudar o que está fora. Devemos olhar para dentro, reconhecer que não desejamos mais essa energia e entregar. Quando nos curamos, o mundo à nossa volta se cura.

Nossa mente está programada para ocultar aquilo que não queremos aceitar dentro de nós. Aspectos de nossa sombra que não podemos tolerar, ou que não nos sentimos capazes de acolher, projetamos; é o outro que expressa o que repudiamos. Simplesmente, não conseguimos ver em nós mesmos nossa raiva, autorrejeição, impaciência, gulodice, tristeza, mágoa, culpa e/ou medo. Tampouco conseguimos reconhecer nossa Grandeza, Luz, nossa capacidade infinita de Amar e Perdoar, nossa criatividade e, muitas vezes, vemos no outro dons extraordinários que gostaríamos de ter, porém, sentimos que não temos. É o ego que nos faz pensar assim, que nos faz sentir faltosos e negar nossos tesouros.

Você consegue imaginar um mundo onde eu e você somos aspectos do mesmo Ser? Um mundo onde estamos sempre nos relacionando conosco? Como você trataria a si mesmo? Seria impaciente ou gentil? Teria inveja de si mesmo? Raiva, mágoa, rejeição? Quando a consciência de unidade for a nossa realidade, saberemos que somos Um único Ser, Criados pelo Amor como Ele mesmo, com todos os seus Dons e suas Características. Além disso, deixaremos de rejeitar nossas próprias criações, baseadas no medo, e integraremos e abraçaremos tudo. Somos Mente. Não existe um lugar onde a minha termina e começa a do outro.

"Hoje, estamos enfatizando mais uma vez o fato de que as mentes são unidas. Raramente essa ideia é totalmente bem recebida de início, já que parece trazer consigo um enorme senso de responsabilidade e pode até ser considerada como uma 'invasão de privacidade'. No entanto, é fato que não existem pensamentos privados. Apesar da tua resistência inicial a essa ideia, tu ainda compreenderás que isso não pode deixar de ser verdadeiro, se é que a salvação é possível de qualquer modo. E a salvação tem que ser possível porque é a Vontade de Deus" (*UCEM* L-p1.19.2).

Há que se ter paciência. Fazer o dever de casa, o nosso trabalho interior, com consciência e honestidade. Deixar de lutar com o espelho: sempre digo que, se estamos com o cabelo desgrenhado, não adianta pentear o espelho; se queremos mudar a imagem projetada, é no projetor, na mente que podemos ser operantes. Consequentemente, se estivermos dispostos a nos curar, o outro nos trará informações preciosas sobre a sombra que habita em nossos porões. Pode ter certeza: quando você consegue reconhecer um aspecto negado sem se julgar como feio ou errado, sem culpa, a sombra perde espaço e Aquilo que é eterno, Real, vai tomando conta de sua mente, e você passa a ser um canal para a expressão dos pensamentos mais elevados no mundo da forma – os pensamentos da Inteligência Espiritual.

"Tu és um espelho da verdade, no qual o próprio Deus brilha em perfeita luz. Ao vidro escuro do ego precisas apenas dizer: 'Eu não vou olhar aqui, porque sei que essas imagens não são verdadeiras'" (*UCEM* T-4.IV.9:1-2).

IEs, faça com que eu me lembre que...

Somos um só Ser unidos ao Criador.

O que vejo fora de mim é sempre uma informação preciosa sobre minha falsa identidade.

Posso reconhecer e soltar todos esses conteúdos negados, sem julgar.

Posso perdoar esses aspectos, reconhecendo que são minha projeção.

O sentir que o outro desperta em mim não é causado por ele, e sim pelo que está latente dentro de mim.

Sempre estou me relacionando comigo.

Peço ajuda para ver com os olhos do Amor.

13
O TEMPO DO SOFRIMENTO ACABOU

> *"Traze, então, todas as formas de sofrimento a Ele Que sabe que cada uma é como todo o resto. Ele não vê diferenças onde não existe nenhuma e te ensinará como cada uma é causada. Nenhuma tem uma causa diferente de todo o resto e todas são facilmente desfeitas por apenas uma lição verdadeiramente aprendida"*
> (UCEM T-27.VIII.12:1-3).

Sofrer parecia não fazer parte do cardápio de emoções e sentimentos de minha família. Lamentações, vitimização e tristeza não eram vistas com bons olhos; éramos fortes; enfrentávamos tudo com pensamentos positivos e coragem. A raiva, sim, era justificada, muitas vezes, como forma de justa indignação. Usávamos a raiva como mola propulsora para vencer as adversidades, ou para conseguir conquistar nossas metas. Ficar deprimido, triste e se lamentando era para os fracos. Em um estilo Poliana, erguíamos a cabeça e dávamos a volta por cima. Nunca nos demos conta da negação em relação ao sentimento de tristeza e medo. Assim, aprendi desde cedo a negar o que sentia, "não chora, não fica triste, vamos em frente". Nada de errado com esse *modus operandi*; era o que sabíamos fazer e fizemos. Atacávamos e nos defendíamos em um mundo cruel e hostil.

Negar o que sentimos é a base para que a projeção ocorra. É assim que aprendemos a driblar a imensa e terrível carga de culpa que sentimos. O X da questão é que projetar não nos livra da culpa, apenas proporciona um alívio momentâneo. Desde que comecei a estudar *Um curso em milagres*, entendi perfeitamente o ciclo de negação, a projeção da culpa e como a culpa é o motor de todo sofrimento e alimento do ego.

Sentir é perigoso para o ego. Por isso, para sobreviver, ele nos leva a acreditar que é o sentir que gera o sofrimento. Só que não nos conta que a negação do sentir é que alimenta a sombra. O *UCEM* nos mostra que por trás da raiva está o medo, que é a base de todos os sentimentos que não vêm do Amor. Ensina-nos que toda forma de sofrimento é um erro de percepção e que a maneira de corrigirmos nossa percepção distorcida é o perdão verdadeiro. O perdão é a ponte para uma vida de Paz e Alegria, nos leva a viver sem medo, nos liberta de todo sofrimento do mundo.

Com os ensinamentos do Curso, entendi que Deus só quer Amor e felicidade para nós, Ele não reconhece nossas dores, apenas nossa integridade e inocência eterna. O Ser que somos não pode ser ferido, portanto, tudo que não vem do Amor é uma ilusão cuja cauda é uma mente que se desviou para o medo. O *UCEM* nos ensina a fazer uma distinção clara entre as fabricações do ego e as Criações de Deus, nos levando a compreender que somente as Criações de Deus são Reais – Ele só Cria Amor. O sofrimento, portanto, é um equívoco, um erro de percepção, uma ilusão, uma distorção cognitiva, ou seja, uma fabricação de nossa mente identificada com a culpa e o medo.

A consequência imediata de escolhermos o ego como professor é o medo. É seu sistema de pensamento que passa a dominar nossos pensamentos, pois a parte de nossa mente que escolhe se sente fortemente atraída pelo conflito. Essa atração é resultante da necessidade de punição, consequência da crença no erro original, decorrente da culpa por acreditarmos na realidade desse erro.

Estamos tão alienados de nossa essência, ignorantes de nosso poder, que não nos damos conta que somos nós mesmos que estamos escolhendo consistentemente o conflito. É necessário romper o paradigma do vitimismo para reconhecer que nunca, em hipótese alguma, podemos estar experimentando algo que não desejamos experimentar. De maneira consciente ou inconsciente, somos nós a causa de nosso sofrimento. Por quanto tempo, ainda, Santo Filho de Deus, vai voar com as diminutas asas de um pardal, quando tem todo o poder de uma águia?

> "Escuta o que o ego diz e vê o que ele te dirige para ver e é certo que verás a ti mesmo de forma diminuta, vulnerável e cheio de medo. Experimentarás depressão, um senso de indignidade e sentimentos de impermanência e irrealidade. Acreditarás que és uma vítima desamparada de forças que estão muito além do teu próprio controle e que são muito mais poderosas do que tu. E irás pensar que o mundo que fizeste dirige o teu destino. Pois essa será a tua fé. Mas, nunca acredites, por que essa é a tua fé, que ela faz a realidade" (UCEM T-21.V.2:3).

Para experimentar sofrimento, somente precisamos colocar nossa fé no ego. Fazemos isso a todo instante em que olhamos para o mundo e vemos fragmentação. Nossa realidade é o Amor – Unidade. Aquilo que foi Criado Inteiro não pode ser dividido e subdividido sem conta, no entanto, acreditamos nesse universo de objetos, em graus, níveis, subdivisões, dentro, fora, em cima e embaixo. A crença de que estamos todos separados uns dos outros é, em si e por si, a grande geradora da culpa na mente.

Estar separados de nossa Fonte é impossível, mas, em nosso incrível livre-arbítrio, colocamos Deus, o Amor Uno que Somos, em algum lugar lá fora, distante de nós, e fizemos nascer um ser pequeno, limitado, especial. Isso não aconteceu em um passado longínquo; a crença na separação é um processo mental que está ativado agora, pois é por causa dela que nosso ser pequeno vive.

É necessário um certo nível de consciência para começarmos a aceitar o fato de que a causa de nosso sofrimento não está no mundo ou no que o outro fez ou deixou de fazer. Está em nossa mente. Deriva de nossos próprios pensamentos e das crenças subsequentes, nascidas da escolha pelo ego que vêm sustentadas pela culpa inconsciente, que nos mantêm presos no sonho de dualidade.

Nosso eu pequeno precisa do sofrimento para ser especial, fabrica incontáveis razões para justificar a culpa e a dor. Sofremos porque nossos filhos vão estudar fora de casa, porque alguém que amamos adoece, porque alguns amigos já não nos chamam para sair, porque a grana está curta e não podemos sair de férias etc. São incalculáveis as razões para sofrermos, todas, absolutamente todas, são essencialmente falsas, simbólicas de apenas uma causa.

Entender isso foi demolidor a princípio. Tanta energia gasta para resolver os problemas que apareciam nas mais diversas e variadas formas, tentando ser criativa para driblar as dificuldades, enfrentando tudo com otimismo e positividade, resolvendo e controlando as coisas com muito esforço. Aí vem o Curso e nos diz: só existe uma causa, e ela está na sua mente, é a crença de que está separado do Amor.

Quando acreditamos no ego com seus incontáveis argumentos e justificativas para o sofrimento, damos realidade à necessidade de diferentes e incontáveis soluções. Essas são leis que servem ao caos e tornam os problemas reais. Desde essa perspectiva, não podemos reconhecer que a verdadeira causa vem de uma escolha equivocada e está em nossa mente. Inconscientemente, nos sentimos culpados, terríveis pecadores. A boa-nova é que Somos Inocentes. A escolha pelo ego é uma escolha inocente, nunca trouxe consequências reais. Agora é o momento de despertar e parar de alimentar o ciclo que sustenta o mundo do medo – ego. Entender dentro de nossos corações que não somos vítimas inocentes, que não necessitamos atacar e nos defender, pois a causa de nossas angústias, da ansiedade, depressão, síndrome do pânico, escassez, felicidade ou infelicidade não está no mundo. Não é achando lá fora um culpado que poderemos ficar livres da culpa para sempre, ao contrário, esse ciclo reforça a culpa.

"O sofrimento é uma ênfase colocada em tudo aquilo que o mundo fez para te machucar. Aqui está claramente exposta a versão demente que o mundo tem do que seja a salvação. Como um sonho de punição no qual o sonhador está inconsciente do que trouxe o ataque a si mesmo, ele se vê atacado injustamente e por algo que não é ele próprio. Ele é a vítima dessa 'alguma outra coisa', uma coisa fora de si mesmo, pela qual ele não tem nenhuma razão para ser responsabilizado. Ele tem que ser inocente porque não sabe o que faz, mas, apenas o que lhe é feito. Ainda assim, o seu ataque a si próprio continua evidente, pois é ele que carrega o sofrimento. E não pode escapar porque a fonte do sofrimento é vista fora dele" (*UCEM* T.27.VII.1:7).

O ego não tem medo da sombra, ela é seu alimento, ele tem medo da Luz, tem medo do momento em que lembraremos Quem Somos. Essa memória está dentro de nós escondida por capas de falsidade. Para mantê-la lá, longe de nossa consciência, o ego nos faz pensar que não suportaremos o nosso lado sombra. Por isso, nosso inconsciente é protegido por dogmas de guarda que, como cães ferozes, se encarregam de manter seguros dentro de baús, portas e gavetas de nosso sótão os conteúdos que não queremos aceitar. O ego sabe que ao abrirmos essas portas e gavetas, ficaremos livres da energia que esses conteúdos geram.

Afastados de nosso sentir, distraídos pelo mundo da forma, seguimos anestesiados, tapando o sol com a peneira, buscando distrações, ruídos, mais e mais trabalho. Assim, não temos tempo de olhar, de respirar, de entrar em contato com nosso peito, com nossa respiração. Não temos tempo de reconhecer nosso sofrimento interno.

A princípio, quando começamos nosso processo de despertar, sentimos uma imensa dificuldade de olhar para dentro. Desconectados de nosso sentir, distraídos pelos ruídos do mundo, compramos a ideia de que nunca vamos conseguir. É uma sensação de impotência que vem do nosso profundo apego ao sistema de pensamento do ego, às dores causadas em nosso passado, aos traumas, às mágoas e ao desejo de ter razão. "Não consigo porque sofro demais ao mexer nessas feridas". Ainda nos percebemos como vítimas do mundo e das circunstâncias, ainda colocando a culpa lá fora, fazendo parecer que tudo ocorre à revelia de nossas escolhas, que não podemos fazer nada a não ser aceitar a maneira como somos e pensamos.

Para que o programa de conflito se perpetue, é necessário que continuemos a acreditar em nossa impotência e incapacidade para sentir aquilo que sentimos. É melhor mesmo deixar como está, pois nunca sabemos o que vamos encontrar ali. Acreditamos que somos maus em essência; isso nos leva a crer que, ao olhar para dentro, vamos entrar em contato com essa parte que nos faz sentir pecadores, inadequados e não merecedores. É aquela voz que fala em nossa cabeça: "se olhar vai poder comprovar que é mesmo um monstro". Assim, seguimos negando pensamentos, sentimentos, com medo de entrar em contato e não saber lidar com um conteúdo interno que rejeitamos. Por rejeitar, reforçamos. É assim que a sombra se fortalece e aspectos negados se expressam, às vezes, de forma brutal, destruindo famílias e carreiras.

O processo de manter a criança ferida escondida conta com a negação do sentir. Isso é tão profundamente ensinado em nossa sociedade: "não sofra, não chore, não fique triste... Não sinta. Faça de conta que está tudo certo. Procure uma distração. Mude seu foco, nem doeu tanto assim". Esses são os argumentos do ego para nos manter em negação, e você já sabe que a negação faz a projeção. Acreditamos que sentir vai nos fazer sofrer ainda mais, porém é exatamente o contrário, quando nos permitimos sentir, a pressão interna alivia. Não temos consciência do quanto fugimos de nossas dores e do quanto rapidamente fazemos de tudo para extirpá-las sem antes receber as mensagens que os sintomas nos trazem. Preferimos tomar rapidamente uma pílula, que o *UCEM* chama de mágica, e não percebemos que assim matamos o mensageiro sem antes pegar a mensagem. Negar o sentir é negar a própria vida, é viver engessado, extirpando partes de nós mesmos.

Não existe outro caminho. Somente quando pudermos olhar para nossa sombra sem julgar, com amorosidade, paciência, confiança, coragem, como observadores equânimes, vamos poder soltar todo o sistema de pensamento do ego e encontrar o que está além: nossa Divindade, o Ser, o Amor que Somos em essência, o Centro.

"Lembra-te, então, que sempre que olhas para fora e reages desfavoravelmente ao que vês, tu te julgaste indigno e te condenaste à morte. A pena de morte é a meta última do ego, pois ele acredita inteiramente que és um criminoso, tão merecedor da morte quanto Deus tem o conhecimento de que és merecedor da vida. A pena de morte nunca deixa a mente do ego, porque é isso o que ele sempre te reserva no final. Querendo matar-te, como expressão final do seu sentimento por ti, ele permite que vivas apenas para esperar a morte. Ele te atormentará enquanto viveres, mas o seu ódio não será satisfeito até que morras. Pois a tua destruição é o único fim em cuja direção ele trabalha e o único fim com o qual ele ficará satisfeito" (*UCEM* T.12.VII.13.1:5).

Sofrer não faz sentido, e olhar para dentro não traz o pressuposto de sofrimento. O Curso nos ensina uma ferramenta poderosa para praticarmos nesse caminho de observação de nosso sentir. Essa ferramenta se chama perdão verdadeiro. É um tipo diferente de perdão que, gradativamente, vai nos levando a soltar as nossas crenças, a liberar sucessivamente aquilo que nos aprisiona. Não se trata de lutar contra o ego; trata-se de reconhecer sua insubstancialidade. Se o Amor é Real, o medo não pode ser.

Se você entra em uma sala escura e acende a Luz, a escuridão desaparece. É assim com a sombra; na presença do Amor, ela desaparece e mostra a sua irrealidade. Chega um momento em nosso caminho que a consciência se amplia e passamos a nos dar conta que não somos esse personagem que chamamos de eu, nem os programas que ele representa.

A partir do momento em que começamos a nos permitir sentir o que sentimos, a olhar de frente para as coisas que nos deixam em conflito, para as situações que "tiram" a nossa paz e para a tristeza de nossa alma, começa o processo de cura. Reconhecer e tomar consciência são as únicas maneiras de deixarmos de ser reféns desse sistema de pensamento que nos apequena e faz sofrer. Esse processo, quando bem conduzido, nunca é uma batalha, pois é um processo de perdão.

Se estamos decididos a despertar desse transe hipnótico em que nos encontramos, é fundamental que olhemos para dentro. Conhecer-nos de verdade, acolher o que bule dentro de nós, para podermos transcender essas energias e reconhecer que Somos Luz. É exatamente esse o maior medo do ego. O ego sabe que diante da honestidade conosco, ele perde a força. É somente a partir do momento em que paramos de negar o que sentimos e passamos a usar o sentir como uma via direta ao nosso inconsciente que teremos a lucidez necessária para ver com clareza e entender que é devido à nossa própria escolha que estamos aferrados a pensamentos de ataque, medo e culpa. É aquilo que aceitamos como verdade, bem dentro de nosso coração, que nos causa dor e sofrimento.

O ponto-chave que precisamos entender e aceitar é que, se estamos sofrendo, é porque a nossa percepção está distorcida, estamos percebendo de forma equivocada por meio de crenças e programas baseados no medo. O pensamento precede a percepção, o que você vê pode lhe contar sobre sua escolha primária entre dois sistemas de pensamento, Amor ou medo. Desde a escolha pelo medo, decorre um mundo baseado na premissa da separação, solidão, vazio existencial, busca por um propósito, algo que dê sentido a um mundo sem sentido.

Todo o sofrimento do mundo decorre dessa única crença: a de que estamos separados de nossa Fonte. Acreditar nessa loucura – sim, loucura, porque estar separado do Amor é impossível – gera um mundo de medo, e o medo gera sofrimento. Nunca, em hipótese alguma, podemos estar separados do Amor – Vida. Desse modo, este mundo é uma alucinação de uma mente que se desviou para o medo.

"Teu Pai te criou totalmente sem pecado, totalmente sem dor, totalmente livre de qualquer tipo de sofrimento. Se O negas, trazes pecado, dor e sofrimento à tua própria mente, devido ao poder que Ele deu a ela. A tua mente é capaz de criar mundos, mas, também, pode negar o que cria, porque é livre" (*UCEM* T.10.V.9.9:11).

"Eu também te disse que a crucificação foi a última jornada inútil que a Filiação precisou fazer e que representa a liberação do medo para qualquer pessoa que a compreenda" (*UCEM* T.6.I.2.6:7).

"Pois uma decisão é uma conclusão baseada em todas as coisas nas quais acreditas. É o resultado da tua crença e decorre dela com tanta certeza quanto o sofrimento se segue à culpa e a liberdade à impecabilidade" (*UCEM* T.24.Int.2.5:6).

"E o amor quer provar que todo o sofrimento não passa de vã imaginação, um desejo tolo sem efeitos" (*UCEM* T.27. II.7.6:7).

IEs, faça com que eu me lembre que...

O sofrimento é uma percepção distorcida e não faz sentido.

Fomos criados para expressar o Bom, o Belo e o Sagrado.

Qualquer expressão de sofrimento é um sinal de uma escolha equivocada.

Posso escolher soltar todos os pensamentos baseados no medo, que geram preocupação e conflito.

Escolho reconhecer a perfeição deste momento.

Reconhecer que não existem erros no Universo.

Peço que a Inteligência Espiritual me ajude a Discernir entre o Real e o ilusório que gera sofrimento.

14
A CONSTANTE SENSAÇÃO DE AMEAÇA

"Talvez alguns de nossos conceitos venham a ser mais claros e mais significativos em termos pessoais se o uso da culpa pelo ego for esclarecido. O ego tem um propósito, assim como o Espírito Santo. O propósito do ego é o medo, porque só quem tem medo pode ser egotista. A lógica do ego é tão impecável quanto a do Espírito Santo, porque a tua mente tem ao seu dispor os meios para ficar do lado do Céu ou da Terra, conforme elegeres. No entanto, mais uma vez, lembra-te que ambos estão em ti" (UCEM T.5.V.1.1:5).

Vivemos anestesiados. Programados para negar o sentir muitas e muitas vezes, não nos damos conta de nosso sofrimento interno até o momento em que algo acontece dentro de nós. É como um basta, tem que haver um outro jeito. Esse é o momento em que tomamos consciência da constante sensação de ameaça que paira em nossa mente. Uma sensação de ser errado, mau, feio, um vazio que não entendemos bem.

Você é capaz de reconhecer em sua mente os pensamentos de ataque? O quanto julga os outros e se julga? Já tomou consciência da imensa quantidade de pequenas mágoas que guarda todo dia? Do quanto se maltrata? Pode reconhecer a culpa por trás dessa energia? Por trás de todos os problemas, conflitos, da sensação de solidão, da necessidade de ser diferente do que você é, da falta de sentido? É necessário um certo nível de maturidade espiritual para podermos reconhecer a culpa como combustível desse universo, assim como de discernimento, o que nem sempre é fácil, porque ela está enterrada e bem escondida, em um nível profundo de nosso inconsciente.

Antes de começar a estudar o *UCEM*, eu me sentia sufocada, parecia que me faltava o ar. Por diversas vezes, eu tinha a sensação de que precisava respirar muito fundo, que alguma coisa impedia o ar de entrar. Isso me deixava muito irritada e com medo. Fui a médicos e procurei ajuda de muitas formas, até entender que era uma ansiedade tão grande que me fazia quase sufocar. Cheguei a tomar antidepressivo por um tempo; logo percebi que essa não era nem de longe a saída. Buscadora incansável, recorri a vários métodos de ajuda, como reiki, yoga, cursos, treinamentos, que foram, sim, muito valiosos, porém nenhum deles me fez compreender a verdadeira causa de meu sofrimento.

Minha vida era o que poderia se avaliar como uma ótima vida. O que o ego avalia como sucesso. Eu tinha – e tenho! – uma bela e maravilhosa família, um ótimo carro, uma casa linda, recursos financeiros; na época, eu era uma empresária que atingia suas metas, enfim, tudo o que, aparentemente, aponta para uma vida de sucesso. O fato de eu me sentir sufocada, ansiosa e não me sentir bem e em paz diante de tudo isso fazia com que me sentisse ingrata e injusta.

Eu já havia recitado a oração: *quero um outro jeito de ver o mundo*. Estava disposta a dar um basta em meu sofrimento. Não podia me conformar, meu coração me dizia para não desistir. Eu queria ser feliz, queria estar em paz. Tinha de haver uma outra maneira. Um dia, pedi a um padre, amigo de nossa família, que rezasse por mim, pois eu precisava de fé. Quando clamamos por ajuda, o Amor nunca deixa de responder. Assim, surgiram muitos livros, ensinamentos, cursos e, finalmente, o *UCEM* em minha vida. Com ele, vieram o entendimento sobre a causa para essa constante sensação de aperto no peito e de vazio que eu sentia e a fórmula mais poderosa de cura que existe no mundo: o perdão não dual.

Sempre pensei ser muito corajosa, até a primeira vez que li no Curso que existem somente duas emoções, Amor e medo; quando não estamos profundamente em Paz e Alegria – Amor –, estamos no medo, e todos os sentimentos e sensações não amorosos que experimentamos derivam dele. Entender que a ansiedade, a depressão, a vergonha, a raiva, a inveja, a impotência, a vontade de estar em outro lugar, a tristeza, a necessidade de ter razão, de ser melhor, de ter uma garantia de futuro etc. são formas diferentes de medo foi incrivelmente esclarecedor para mim. A partir daí, muitas coisas que não faziam sentido começaram a fazer. Passei a observar o medo em minha vida. Foi ficando cada vez mais claro que ele permeava minhas atitudes, ações e buscas. Percebi que identificar e soltar todas as formas com que o medo se manifesta em meu cotidiano seria um trabalho para toda esta vida.

"Nada além de ti mesmo pode fazer com que tenhas medo ou sintas amor porque não há nada além de ti" (*UCEM* T.10.Int.1).

Havia muitas perguntas a serem respondidas. Se somente o Amor é Real, de onde vem o medo? Se existem somente duas emoções, Amor e medo, então estamos quase que 100% do tempo no medo? Comecei a reconhecer que estava mesmo o tempo todo no medo, pois eu não estava em Paz. Isso eu podia perceber claramente.

O *UCEM* nos ensina que o medo vem da culpa. Se nos sentimos culpados por algo, inconscientemente esperamos ser punidos. A culpa – ontológica, inconsciente – que carregamos dentro de nós faz com que nos sintamos errados, maus, com a persistente sensação de que merecemos ser punidos. Nossa crença inconsciente da separação, de que estamos todos separados de nossa Fonte – Amor –, traz consigo o pensamento de pecado, pequei contra Aquele que me deu a Vida. É como se houvéssemos traído e destruído a Fonte. Esse é o pecado original, o maior erro do Universo, a caída ou expulsão do Paraíso, o desvio para o medo, explicado de diferentes maneiras por todas as tradições espirituais antigas.

Pensamos ter medo de que nossos filhos sofram um acidente, de perder as pessoas que amamos, de adoecer, sentir dor, de sofrer uma traição, de envelhecer e morrer. Bem lá no fundo, nosso medo real é da punição de Deus. Todos esses medos são símbolos desse medo profundo, inconsciente. É como se houvéssemos cometido um crime imperdoável, um pecado em escala tão imensa que nossa saída foi nos esconder de Deus. E nós nos escondemos no ego. Criamos um serzinho à parte de Deus, fraco, vulnerável, que pode ser ferido e se magoa com a maior facilidade.

A separação aparenta ser real para nós. Sentimo-nos totalmente desconectados. Cremos ter conseguido consumar esse feito e usurpar o poder de Deus. Essa crença gera a mais terrível culpa que se pode conceber, algo insuportável de sentir, por isso a única saída encontrada foi a projeção, ou seja, jogar essa culpa lá fora. Este é o ciclo que se repete há éons negamos o sentimento terrível de culpa, dizemos que tudo está lá fora, o mundo é que é culpado, as pessoas é que são culpadas. A crença de que estamos separados do Amor e de que fomos expulsos do Paraíso está por trás de todo o sofrimento do mundo, de nossa vontade inconsciente de sofrer.

Parece impossível. Na verdade, é insano. Projetamos nossas mazelas no mundo, afinal, se merecemos e seremos castigados, que venha de nós o castigo, pois, se vier de Deus, poderá ser muito pior.

É claro que as coisas que vivemos e os ataques que sofremos não parecem ter relação com essa projeção original, visto que parecem vir de coisas com as quais não temos nada a ver. Isso ocorre devido à dissociação. É assim que o pequeno eu sobrevive, mantendo a atenção lá fora. Enquanto pensarmos que a escassez, a doença, a angústia e a ansiedade vêm de algo externo, que são fenômenos que ocorrem à nossa revelia, continuaremos impotentes enviando nossos mensageiros inconscientes ao mundo para nos trazer toda sorte de punição.

A primeira coisa que precisamos entender é que tudo está em nossa mente. Nossos pensamentos conscientes representam apenas, sendo muito generosa, aproximadamente 10% do total de pensamentos que passam por nossa cabeça durante o dia e à noite – muitos estudiosos preferem usar a marca de 3% –, e o restante está inconsciente. Freud explica muito bem o inconsciente e como o ego usa esse fenômeno da negação e projeção. É a grande sacada de seu sistema de pensamento, o jeito de nos manter cativos ao seu modelo.

Despojados da Abundância Infinita de nosso criador, buscamos lá fora o que sentimos que nos falta. Corremos o tempo todo atrás de mais prazer, mais amor, mais abundância, mais alegria, mais saúde, evitando com unhas e dentes a dor, a perda, a doença, a tristeza e a morte. É um jogo de opostos no qual nos polarizamos, tentando a todo custo fortalecer traços que consideramos positivos e negar outros que não vemos com bons olhos. Nesse jogo de dualidade, esquecemos mais e mais Quem Somos, obliteramos mais e mais nossa Divindade. Independentemente da forma que toma o medo, sua única fonte é o ego, que não está lá fora, mas, sim, em nossa mente, portanto, o medo é uma criação de nossa mente decorrente de uma crença impossível de acontecer.

Para entender a origem da culpa, precisamos entender aquilo que os místicos, as religiões e filosofias entendem como a caída. A melhor explicação que encontrei até hoje foi a do *UCEM*. Vou resumi-la aqui, usando meu entendimento, minhas palavras, sempre pedindo Guia para a Inteligência Espiritual. Aliás, aproveito para dizer que este livro só pôde ser escrito a partir da ajuda dessa Instância Mental de pura Sabedoria e Discernimento.

Um belo dia, em um tempo remoto, e por que não dizer agora, o Filho Perfeito de Deus resolve pensar por conta própria – criar a parte de sua Fonte. Nesse momento ontológico, que nada mais é do que a escolha de estar separado e ser especial, ele acredita ter concretizado esse feito e se esquece de rir dessa ideia insana. É impossível nos separarmos do Amor, Ele é a Própria Vida. Essa decisão de pensar por conta própria ocorre a cada instante em que pronunciamos "eu", tendo consequências inimagináveis. É daí que surge a imensa, inexorável e terrível culpa que se instala em nossa mente. Dessa culpa, veio o medo de ser punido por Deus. Aí, deu no que deu, o surgimento deste mundo caótico em que pensamos viver.

Estamos revivendo esse instante ontológico a cada segundo em que nos vemos separados. Lembrem-se que separação gera culpa e é impossível conter o conteúdo da culpa na mente; por esse motivo, nós a projetamos lá fora. A culpa está na base de absolutamente tudo o que encontramos nesse universo de fragmentação. Tudo que vemos com nossos olhos e sentimos com os sentidos são símbolos para provar que a separação é real.

O mundo é usado pelo ego como um esconderijo onde Deus não pode nos encontrar. O Curso nos alerta em uma de suas lições: "Deus está em tudo que vejo, pois Deus está em minha mente". Nós nunca nos separamos de Deus, Ele nem sabe sobre essas ideias de ser um Ser pequeno e separado. É uma brincadeira de uma criança inocente, não tem consequências reais. Para corrigir esse estado alucinatório em que acreditamos que tudo isso é real, Ele nos deu a Inteligência Espiritual – Espírito Santo. Ela veio para que não ficássemos eternamente perdidos no labirinto construído pelo ego – diga-se, nós.

A Inteligência Espiritual é a porta de saída do labirinto, a ponte que nos leva do medo ao Amor, o viaduto entre a *matrix* e o

Mundo Real. A Inteligência Espiritual nunca, em nenhuma hipótese, dá realidade ao sonho. Ela é Conhecimento e sabe que a separação da Fonte é impossível. A Inteligência Espiritual reconhece que o estado de separação é impossível, por isso pode nos ajudar. Pedir a Sua ajuda e escolher o Seu olhar e o Seu julgamento vão nos ajudar a encontrar a porta do labirinto.

Somos amados e adorados para sempre. Eternamente Um com a Fonte da Vida. Ela somente habita no Amor, não julga, não condena, não mata e não pune, porque somente vê o que é Real. A ideia de punição é uma ideia do ego, que acredita no erro original, pois Deus sabe que esse erro é ilusório. Então, para que Ele iria nos punir? É pelo desejo de que nosso "eu" seja real que surge o mundo em que pensamos nascer para desfrutar por uns instantes, sofrer, perecer, para, no final, morrer. Podemos tornar o erro real para nós e fazemos isso a todo instante em que vemos nossos interesses separados dos de outras pessoas, mas, ainda assim, não podemos fazer com que a separação seja Real para a Fonte – Deus. Entender isso me trouxe um grande alívio e tudo começou a fazer sentido.

Deus não criou a culpa e seu efeito, o medo, que foram criados pelo sistema de pensamento do ego, dando realidade a uma ilusão de separação que gera todo um mundo onde o sofrimento parece ser um fato. O pensamento de culpa é a origem do ego. Não subestime esse pensamento, pois dele se originaram universos e mais universos. Quanto mais fragmentação, mais afastados do centro, de nossa essência, da Unidade. Presta bem atenção, não é que a Unidade tenha se quebrado, apenas essa é a nossa ilusão, Ela permanece Imutável para sempre.

Em nosso estado de amnésia, não podemos reconhecer a culpa como motor de nossas escolhas, ações e atitudes. Também não a reconhecemos na constante busca por sermos melhores, na busca pela paz e felicidade que não conseguimos reconhecer dentro de nós. O que importa é que, a partir de agora, teremos esse discernimento: o conteúdo de todos os problemas do mundo é a culpa inconsciente. Ou culpamos ou nos sentimos culpados, o que dá no mesmo.

Temos medo de ser Brilhantes, Inteligentes, Criativos e Felizes, pois preferimos a pequenez, uma vez que, a partir dela, asseguramos nossa cota de punição. Assim, nos punimos para garantir que Deus não necessite fazê-lo. Como uma águia poderia se conformar em voar com as pequenas asas de um pardal? A pequenez nos faz infelizes, retroalimenta o sentimento de menos valia, de rejeição, abandono, carência. Poderia Aquele que nasceu Puro Espírito, Impecável, Livre, Criado para Ser uma expressão de Amor se conformar com menos do que isso?

Dinâmica decorrente da crença na separação:

* Acredito estar separado da Fonte – Deus – Amor (isso nunca aconteceu).

* Sentimento intenso de ser culpado – pecador.

* Nego esse sentimento dentro de mim – vitimismo.

* Projeto, pois não suporto ver em mim – o mundo e o outro são culpados.

* Mereço ser castigado – medo de punição.

* Preciso me defender, por isso ataco.

Essa dinâmica origina, de fato, todo o universo físico como conhecemos. Todas as lutas, as guerras, todo ódio e todas as mágoas, por mais insignificantes que possam parecer, assim como toda dor, todo sofrimento e a necessidade de ser reconhecido, amado e respeitado, são uma projeção dessa mente absurdamente culpada que se encontra em profunda escassez.

Sentir culpa é demolidor, por isso, acatamos imediatamente a solução mágica do ego de encontrar lá fora alguém para culpar. Não pense que isso aconteceu há milhares de anos, lá no *big bang*. Só existe o agora, e é exatamente agora que estamos culpando os outros e o mundo por nos sentirmos mal. Culpamos o mundo pela nossa raiva, tristeza, ansiedade, depressão, a vulnerabilidade, falta de confiança e inconstância.

Foi quando entendi de onde vinha minha constante sensação de insegurança, raiva e medo e o que realmente era a causa de minha ansiedade, porque vivia armada, sempre pronta a me defender e a mostrar para as pessoas como deveriam me tratar. Somente por meio do *UCEM*, pude reconhecer a culpa inconsciente por trás de minha falta de paz e de meu sofrimento interno. Às vezes, ainda me pego tentando encontrar alguém ou algo para ser a causa de minhas dores e meus conflitos: uma comida, um vírus, o pó, a economia, a chuva, o frio, um familiar etc.

Existe uma crença no inconsciente coletivo de que o sofrimento enobrece e que é por meio dele que podemos evoluir e pagar por nossas faltas. Se acreditarmos nisso, usaremos o sacrifício e o sofrimento para nos sentirmos melhores, baseados na crença de que sofrer nos fará evoluir e ser merecedores do céu. Alguns chamam isso de carma, outros dizem que cada um tem sua cruz para carregar, e assim tornamos Deus um juiz sempre pronto a decretar nossa sentença condenatória. Se não for nesta vida, com certeza, será na próxima. Essa é a base de nosso medo inconsciente de Deus, que, em verdade, é medo do Amor, do que Somos, medo da Luz.

Tudo neste mundo é oposto a Deus. Tudo é perecível, nasce e morre, sofre toda sorte de mudanças e alterações. Aqui impera a lei da escassez; alguns têm, outros não. Descobrir que Deus não criou esse universo e que não sabe nada desse sonho foi uma das coisas mais maravilhosas da minha jornada. Nunca me conformei com o fato de existir tanta dor no mundo, tantas guerras, tanta injustiça. Pensar que Deus pudesse ter algo a ver com isso não fazia nenhum sentido para mim. Esse Deus dual, sujeito a amar e atacar ao mesmo tempo, que controla o tempo trazendo chuva para alguns e seca para outros, que cura a doença, mas também tira a vida; esse Deus que quer que as coisas sejam de uma maneira ou de outra fazia eu me sentir impotente, perdida e sem rumo.

Quando li a seguinte passagem do Curso, senti um alívio em meu coração, pois parecia que alguém estava me entendendo:

"Esse mundo em que pareces viver não é a tua casa. E, em algum lugar da tua mente, tens o conhecimento de que isso é verdadeiro. A memória de casa continua te perseguindo, como se houvesse um lugar que te chamasse de volta, embora não reconheças a voz nem o que essa voz te lembra. Mesmo assim, continuas te sentindo como um estranho aqui, vindo de algum lugar completamente desconhecido. Nada tão definido que possas dizer, com certeza, que és um exilado aqui. Apenas um sentimento persistente, em alguns momentos pouco mais do que uma diminuta pulsação, em outros vagamente relembrado, ativamente descartado, mas, algo que, com certeza, vai voltar de novo à tua mente" (*UCEM* L-pI.182.1).

O Amor é nossa Realidade, Deus é o nosso Lar, e o Céu é a morada de onde nunca saímos. A Verdade é muito simples: só existe o Amor – Aquele que tudo Abarca e desde Ele a Simplicidade, a Inocência, a Beleza, a Criatividade, a Paz e a Alegria. Em Deus, a Confiança é absoluta, a segurança é Eterna, nesse estado os pensamentos fluem em nossa mente para expressar belas criações cheias de júbilo e graça. Aqui, não há pequenez, não há sofrimento, apenas alimento que dá Vida e expressa Amor.

Em certo tempo, começa a ficar fácil discernir quando estamos apanhados pelo sistema de pensamento do ego. Somente o Amor é Real, e Deus cria somente Amor, o que não é Amor é ilusão e não existe. Todos aqui estamos ou expressando Amor, ou pedindo Amor. Existem somente esses dois estados possíveis.

Ainda me confundo muitas e muitas vezes, me deixo levar pelo ilusório encarnando o personagem vitimista, buscando a causa lá fora. Outras vezes, ainda me pego querendo ser especialmente tratada e reconhecida; também acontece, já muito raramente, de pedir ajuda para a Inteligência Espiritual para corrigir algo no mundo da forma, curar um sintoma, mandar chuva etc. O mais importante é que me dou conta rapidamente quando estou reagindo de acordo com o programa mental de conflito. Busco imediatamente a Voz da Razão em meu interior e peço a correção de meus pensamentos equivocados. Com a ajuda dessa Inteligência Amorosa, vou limpando minha mente e deixando espaço para que o Amor se expresse por intermédio de mim.

O desfazer da culpa é a chave para a saída do labirinto. O Curso chama o desfazer da culpa de Expiação, ou seja, o retorno a Unidade. É a liberação de qualquer culpa e o Reconhecimento da inocência que nunca foi perdida. A causa da culpa não existe, a não ser em nossa própria mente. Sem causa, ela deixa de ter efeitos. A mente que está livre da culpa vive sem medo e, a partir dessa mente, surge uma Nova Realidade.

Podemos sintetizar dizendo que:

Essa é a roda que faz o mundo girar, o sofrimento é constantemente retroalimentado pela necessidade de punição. É necessária uma certa maturidade espiritual para reconhecer esse ciclo e para apontar o dedo em direção ao nosso interior, pois o objetivo do ego é que continuemos a culpar os outros e o mundo pelo nosso mal-estar. O mundo passa a ser uma sala de aula quando passamos a apontar o dedo em direção ao nosso peito, mas não para nos culparmos, e sim para resgatar todo nosso poder como o arquiteto do sonho. Nunca, em hipótese alguma, podemos estar experimentando algo que não desejamos experimentar. Essa é a primeira tomada de consciência necessária para que possamos sair desse ciclo de autopunição.

Para começar um processo de auto-observação da mente, são necessárias muita disciplina e disponibilidade. É preciso se tornar um observador equânime, que não julga e não condena aquilo que surge na mente; ao invés disso, acolhe e integra suas raivas, mágoas e seus pensamentos de ataque e ódios. Essa integração é o primeiro passo do perdão, assim aprendemos a identificar o programa, para ir além e poder reconhecer nossa inocência. A culpa gera auto-ódio, uma energia demolidora que é insuportável; o ego nos oferece uma saída, projetar, e é para isso que ele usa o mundo, as pessoas e o corpo.

No Curso, Jesus nos ensina que o pecado não existe, que o que nós percebemos como pecado é um erro de percepção. A pergunta que devemos nos fazer é: estou disposto a renunciar à culpa e encarnar minha inocência, beleza, invulnerabilidade, poder e todo o Amor que existe em mim? Jesus fez o caminho de volta para casa, Ele despertou e, por intermédio do Curso, nos convida a segui-Lo. Cristo é a nossa herança, nosso Eterno Ser, basta que O aceitemos agora.

Enfoque de discernimento

A seguir, você vai encontrar uma série de perguntas profundas. Sugiro que encontre um local para silenciar e refletir sobre elas.

* Você consegue distinguir a culpa inconsciente por trás de um sim quando quer dizer não?

* Você consegue perceber o medo e a culpa por trás de seu desejo de controlar?

* Você consegue perceber a culpa inconsciente por trás de sua indisposição e mal-estar?

* Você está pronto para soltar o controle da sua vida e dizer: "faça em mim a Tua vontade"?

* Você consegue reconhecer o medo inconsciente de Deus por trás de afirmações como: "Deus quis assim"?

* Você consegue reconhecer algumas dessas crenças inconscientes em relação a Deus:
- "Deus sabe o que faz."
- "A culpa foi minha."
- "Esses são os desígnios de Deus."
- "O sofrimento nos eleva."
- "Deus está por trás de tudo."
- "O Velhinho sabe o que faz."
- "Deus é justo."

Essas frases indicam uma fonte oculta de desconfiança, terror e medo de Deus. O ego projeta toda a sua culpa e medo em um Deus criado à sua imagem e semelhança. Esse é, justamente, o maior obstáculo ao Amor e à presença desse Poder em nossa vida. Como o Amor poderia ser Fonte de algo que não fosse Amor? Com isso, podemos concluir que o medo e o sofrimento não são a vontade de nossa Fonte.

IEs, faça com que eu me lembre que...

Em qualquer momento de conflito e sofrimento, posso pedir ajuda para poder reconhecer a culpa por trás do meu sentir.

A culpa não tem uma causa real, pois a separação nunca aconteceu de verdade, por isso ela é uma ilusão.

Posso pedir ajuda para reconhecer minha inocência por meio do reconhecimento da inocência do meu irmão.

Posso pedir ajuda para abrir minha mente e meu coração e reconhecer que, se não existe a culpa, o medo também não existe.

Já estamos todos a salvo no Coração e Amor de Deus de onde nunca saímos.

Somos todos inocentes, todo erro vem de uma percepção distorcida e não tem consequências reais.

Somos eternamente protegidos e eternamente amados.

15
SOMOS INOCENTES

"Além do corpo, além do sol e das estrelas, além de todas as coisas que vês e, ainda assim, de algum modo familiar, está um arco de luz dourada que, à medida que olhas, se alonga em um grande círculo brilhante. E todo o círculo se enche de luz diante dos teus olhos. Os contornos do círculo desaparecem, e o que há dentro já não está mais contido em nada. A luz se expande e cobre todas as coisas, estendendo-se até à infinidade, para sempre brilhante e sem nenhuma ruptura ou limite em parte alguma. Dentro dela tudo está unido em perfeita continuidade. E nem é possível imaginar que qualquer coisa pudesse estar fora, pois não há lugar algum onde essa luz não esteja" (UCEM T.21.I.8).

Nunca nos separamos do Amor. Isso seria totalmente impossível. Somos uma ideia totalmente amorosa na Mente de Deus, e como o Curso nos ensina, "ideias não abandonam a sua Fonte". Permanecemos em Deus, em casa, de onde nunca saímos. Jesus reconheceu isso e aceitou a Expiação para si mesmo e, consequentemente, o desfazer da culpa para todos nós. Ele agora nos convida a aceitarmos isso, a reconhecermos, como Ele reconheceu, que somos inocentes. Todos nós.

O *UCEM* nos convida a "negar a negação da Verdade" e usar isso como nossa melhor defesa, e nunca como uma fuga ou negação do sentir, nem como um desvio espiritual ou um fazer de conta que está tudo certo. Deve-se entendê-lo como o reconhecimento do que nunca deixou de ser. A Verdade é verdadeira, sempre será. Se queremos sair do labirinto, é necessário que paremos de acreditar na realidade da culpa e comecemos a questionar essa crença insana de que o que Deus criou perfeito possa ser maculado e tornado imperfeito. É essencial que deixemos a Verdade retomar seu lugar de direito em nossa consciência.

É um erro pensar que a inocência foi corrompida e que agora temos que receber uma justa punição por isso, ou que se sofrermos bastante seremos redimidos. Não precisamos fazer nada para recuperar nossa inocência. Ela nunca foi perdida, ela nos foi dada por Deus, nosso Criador, e não há nada, absolutamente nada, que façamos que altere essa profunda verdade.

> "Quando a paz chega afinal àqueles que combatem a tentação e lutam contra abandonar-se ao pecado, quando a luz chega afinal à mente entregue à contemplação, ou quando a meta é finalmente alcançada por qualquer um, ela vem sempre acompanhada de apenas uma conscientização feliz: 'Eu não preciso fazer nada'" (*UCEM* T.18.VII.5:7).

A princípio, eu rejeitava veementemente essa ideia. Como assim não preciso fazer nada? Sempre aprendi que devemos nos esforçar para melhorar e poder evoluir, nos tornando pessoas melhores. Não fazer nada parecia inconcebível. Eu não entendia a profundidade e sabedoria inclusas nessa expressão. Naquele momento, não fazer nada significava ir contra tudo aquilo que era seguro para mim. Eu era movida a fazer as coisas acontecerem e não podia reconhecer que o ego comandava minhas ações e decisões.

Todo julgamento vem do ego, tanto aquele que fazemos em relação ao outro como em relação a nós mesmos, não existe diferença. A Inteligência Espiritual, a Voz da Sabedoria, é incapaz de qualquer julgamento, Ela apenas vê a Verdade. Sabe que a culpa não existe, que somente o Amor é Real. Deus não julga. Se Deus não julga, por que julgamos a nós mesmos e aos outros?

"Tu não acharás paz enquanto não tiveres removido os cravos das mãos do Filho de Deus e arrancado o último espinho da Sua testa. O Amor de Deus cerca Seu Filho, a quem o deus da crucificação condena. Não ensines que eu morri em vão. Ensina, em vez disso, que eu não morri, demonstrando que eu vivo em ti. Pois, o desfazer da crucificação do Filho de Deus é o trabalho da redenção, no qual todos desempenham um papel de igual valor. Deus não julga Seu Filho inculpável. Já que Deus Se deu a Ele, como poderia ser diferente?" (*UCEM* T.11.VI.7).

Se tem uma coisa que sempre me deixou confusa, que nunca pude entender e aceitar, foi a ideia de Deus ter nos expulsado do Paraíso. Algo não estava bem explicado nessa história. Como um Pai Amoroso poderia ser tão cruel e se sentir justificado ao ponto de expulsar seu Filho de casa? Conforme avançamos em nossa leitura no Curso, passamos a ter uma nova visão, para mim, totalmente coerente sobre a Gênese – ou a caída, ou ainda, a expulsão do Paraíso.

Nunca fomos expulsos do Paraíso, estamos no Céu, em casa, em Deus, de onde nunca saímos. É apenas nossa crença que nos faz ter uma experiência diferente do Céu – consciência de Unidade –; é a nossa escolha em dar ouvidos a pensamentos distorcidos que nos fazem ter uma experiência em que o Amor passa a estar fora. Entendi que foi pelo nosso próprio livre-arbítrio que nós mesmos nos expulsamos do Paraíso. Pegamos a nossa herança e saímos a nos aventurar mundo afora, até que nos percebemos comendo a comida dos porcos, e aí pedimos para voltar. Conhecer um Deus que não tem nenhum aspecto de dualidade, apenas Amor, fez muito sentido para mim.

Acessar a Inteligência Espiritual, pedir luz e discernimento sobre nossas crenças, pedir para aprender o perdão verdadeiro e para pensar como Ela pensa são os caminhos para entender que nunca fomos expulsos do Paraíso. Lembrem-se de uma frase de Jesus na Bíblia: "o reino de meu Pai está espalhado sobre a Terra, mas vocês não têm olhos para ver". O Curso nos diz: "o Céu é uma decisão que eu tenho que tomar". Uma decisão! Ele está espalhado diante de nossos olhos, que estão cegos pela percepção distorcida de culpa e medo, que fabricam uma espécie de alucinação de um mundo ilusório. Retornar a essa consciência é o caminho que temos de percorrer. Essa é uma viagem sem distância. Acreditar que Deus nos julgou pecadores e, por isso, nos expulsou é uma crença insana que gera um mundo de separação e sofrimento. Estamos em casa, em Deus, no Amor, um Nível de Consciência, o paraíso de onde nunca saímos.

> "O 'pecado' de Adão não poderia ter afetado a ninguém se ele não tivesse acreditado que foi o Pai quem o expulsou do Paraíso. Pois, nessa crença, o conhecimento do Pai foi perdido, já que somente aqueles que não O compreendem poderiam acreditar nela" (*UCEM* T.13. Int.3:6).

Uma criança pode brincar com o perigo, porém, assim que seu pai perceber, vai impedir que ela se machuque. Assim é nosso Pai conosco, para nos salvar de nossas criações distorcidas e nos ajudar a sair do labirinto, Ele nos deu o Seu Espírito Santo, a Inteligência Espiritual, para ser nosso guia, nos mostrando um outro jeito de ver as pessoas e o mundo. Podemos respirar aliviados e confiar sabendo que, realmente, não precisamos fazer nada para Ser Quem Somos. Nossa Fonte de Vida Eterna e Amor nunca permitiria que Sua Criação ficasse perdida em um sonho que a torna pequena, má, sofredora e vitimista.

A Cabala ensina que a percepção da imensa maioria de nós alcança apenas 1% e que a essa percepção estreita e limitada chamamos realidade. Ignoramos o mundo dos 99% que é o Mundo Real, composto pelo Amor abstrato, invisível, o mundo da abundância, da Unidade, da Alegria e Paz Perfeita. Habitar o limitado e ilusório mundo do 1% é negar a Verdade de Quem Somos, é nos fazer pequenos, vulneráveis, miseráveis e sofredores. O Mundo Real, dos 99%, começa a se descortinar diante de nossos olhos quando começamos a praticar o perdão verdadeiro.

Perdoar é curar. Soltar tudo que é falso e focar no mundo dos 99%. O *UCEM* nos dá a rota mais curta, a via direta a esse mundo, que não é um lugar, é um estado mental de Paz, Contentamento e Alegria, nossa herança eterna. O começo da caminhada pode parecer difícil, pois é imprescindível, no início, que possamos reconhecer a nossa resistência à paz e ao permanente investimento em dar realidade ao ciclo pecado-culpa-medo. Haverá muitos momentos em que nosso desejo será voltar atrás, mas, logo, no instante seguinte, nos veremos pedindo ajuda para a Inteligência Espiritual. Esses altos e baixos no caminho são normais e serão cada vez mais esporádicos à medida que começamos a sentir os benefícios do perdão e a leveza de uma mente mais em paz, com menos medo.

Nossa inocência não está em jogo. Está garantida pela Lei da Autoria, fomos criados à imagem e semelhança de nosso Criador, nada mais, nada menos. O fato de nos sentirmos frágeis e vulneráveis, estarmos constantemente precisando nos defender, é devido à crença sobre a nossa autoria. Sentimo-nos tão separados que não podemos reconhecer quem é nosso Autor, chegando ao ponto de considerar a possibilidade de termos criado a nós mesmos. Deus só Cria Amor, e Ele nos Criou à Sua imagem e semelhança. Ele é o Autor, e nós somos Suas Criações. Quando negamos a Autoria de Deus, negamos a verdade de Quem Somos, nos tornamos algo que não somos. Não há mais completude, é necessário que provemos nosso valor. Para tanto, enviamos nossos mensageiros ao mundo.

Toda criança que faz travessura espera ser punida por ela. A crença em nossa própria autoria, que nada mais é que a crença de que criamos algo à parte do Amor, nos leva a temer a punição. Atraímos aquilo que cultivamos em nosso interior, e é assim que enviamos nossos mensageiros ao mundo, buscando testemunhos de nossa fragilidade e necessidade de defesa e ataque. Os mensageiros voltam trazendo exatamente as mensagens que estamos esperando. Nossas crenças são as profecias autorrealizáveis que lançamos ao mundo.

"É essencial reconhecer que todas as defesas fazem exatamente aquilo do qual pretendem defender" (*UCEM* T.17.IV.7).

Você já parou para pensar quantas horas do seu dia passa em rituais para proteção do corpo? Em criar defesas e escudos que o protejam do ataque de enfermidades, calamidades, injustiças e deslealdades? Quando passamos as horas de nosso dia em busca de proteção, o que estamos fazendo inconscientemente é informar ao Universo que realmente somos tudo isso que o ego nos diz que somos: vulneráveis, que podemos ser feridos, que a maldade pode vir de fora e nos atingir. Alimentar a crença na necessidade de defesa do pequeno e vulnerável filho de Deus e na fragilidade do corpo é a maneira perfeita de fornecer energia para que o ataque aconteça.

Esquecer e negar nossa inocência é esquecer e negar que Deus é nosso Autor, que somos Filhos do Amor, criados por Ele como Ele mesmo, que somente o que Deus cria é Real e que Ele só cria Amor.

Estamos a todo instante decidindo o que queremos Ser, dessa decisão surge o mundo em que parecemos viver. Quando estamos conectados com nosso desejo autêntico de Paz, pedimos um milagre. O milagre nos mostra o mundo dos 99%, o mundo da inocência e do Amor. Se nossa mente está absorvida pelo medo, não temos escolha, seguimos como marionetes ouvindo o ego como professor, acreditando que podemos ser feridos e que também podemos ferir.

"A mente pode fazer com que a crença na separação seja muito real e muito amedrontadora, e essa crença é o 'diabo'. É poderosa, ativa, destrutiva e está em clara oposição a Deus, porque literalmente nega a Sua Paternidade. Olha para a tua vida e vê o que o diabo (ego) tem feito. Mas reconhece que esse feito certamente será dissolvido à luz da verdade, porque o seu fundamento é uma mentira" (*UCEM* T.3.VII.5).

Ataque e defesa

Quando falamos de ataque, não nos referimos a uma luta corporal, um ataque armado ou agressões verbais; nos referimos a pensamentos de ataque, que é uma forma de ataque muito mais sutil e poderosa, o ataque mental. É só observarmos a nossa mente que logo, logo, vamos poder identificar essa dinâmica em nossa mente. Ela pode ser reconhecida quando nos sentimos separados: eu sou assim, ele é assim. Quando nos sentimos superiores ou menos, quando julgamos, criticamos, analisamos, acusamos ou rejeitamos. Um ataque mental é qualquer forma negativa de ver o outro, o mundo e nós mesmos.

"Os que são parcialmente inocentes estão aptos a ser bastante tolos às vezes. Enquanto a sua inocência não vem a ser um ponto de vista de aplicação universal, não vem a ser sabedoria" (*UCEM* T.3.II.2:3).

O fato de acusarmos alguém, nos vitimarmos, sentirmos raiva, ódio, indiferença, desdém e pena em relação a outra pessoa estabelece uma barreira emocional, fazendo com que, inconscientemente, vejamos o outro como alguém diferente que pode nos ferir. É o jogo do ego, fazemos a face da inocência enquanto o outro é o mau. Isso gera a necessidade de proteção, de nos armarmos, por isso nos colocamos em posição de defesa. Basta um olhar atravessado, uma palavra dita ou não dita, um gesto estranho para o sistema de ataque/defesa entrar em ação. É como se estivéssemos em guerra todo o dia, prontos para revidar, nos defender, nos vingar, mostrar como estamos feridos e como temos razão, como o outro não nos valoriza, não nos respeita e não nos ama.

Nossas relações são permeadas por essa dinâmica de ataque e defesa. É claro que isso, muitas vezes, é sutil, inconsciente. Se formos bem honestos, vamos poder reconhecer em nossos pensamentos juízos de valor e julgamentos em relação àqueles que chamamos de outro. Acreditamos estar separados, que existe um outro que poderá nos ferir, se torna evidente a necessidade de defesa. Essa dinâmica pode passar despercebida aos olhos do mundo, pois estamos nos referindo ao que acontece na mente.

Colocamos fé no ataque e em toda a raiva que sentimos. Não nos damos conta que a raiva vem de uma interpretação, e não de um fato. Quando essa energia é sentida, a relação de ódio está estabelecida. Toda raiva gera medo, e com ele a necessidade de defesa. Dessa necessidade de defesa é que surge a necessidade de atacar.

O *UCEM* nos ensina: "a minha segurança está em ser sem defesas". Desse modo, nos mostra como reconhecer que estamos fabricando os conflitos e ataques dos quais acreditamos precisar nos defender. Quando nos identificamos com o corpo e nos sentimos vulneráveis, acreditamos que podemos sofrer toda sorte de ataque. Apesar disso, quero que você fique atento, pois, aqui, estamos falando em como uma mente ataca a outra, e não em ataques físicos. É evidente que um corpo pode atacar e ser atacado, mas o que queremos é evidenciar enfaticamente que tudo começa na mente; se percebemos ataques, acusações, rejeições, devemos começar a olhar para dentro, porque só podemos nos sentir atacados se essa emoção estiver viva dentro de nós.

Lembro-me bem do dia em que aceitei minha inocência. Estava discutindo sobre um assunto com uma pessoa próxima, e ela disse algo ríspido a meu respeito. Não me recordo bem qual foi o termo, mas foi algo que, em outra época, me magoaria profundamente. Minha primeira reação foi um sentimento de vitimização, inferioridade. Entretanto, no mesmo momento, tive um Instante Santo de Revelação e, em um silêncio interior profundo, disse para mim mesma: "isso não é verdade!" Compreendi que aquilo que o outro dizia apenas refletia o que eu mesma pensava sobre meu personagem. Imediatamente, me lembrei que o que Sou somente pode ser determinado pelo meu criador. Uma voz soou dentro de minha mente: "sou inocente". Sei que foi a Voz da Inteligência Espiritual, profundamente amorosa, que veio à minha consciência naquele instante, calma, serena, dizendo baixinho: "isso que ele está dizendo não é a verdade. Você é inocente, eternamente amada. Palavras ditas de forma ríspida não podem mais me ferir, pois não expressam Quem Eu verdadeiramente Sou". A partir desse dia, sempre percebo quando alguém reflete meus pensamentos inferiores ou degradantes sobre mim mesma e imediatamente entrego à Inteligência Espiritual, pedindo uma nova percepção.

Todas as definições e autocríticas sobre nós são falsas, baseadas em um sistema de culpa e medo. O ego, que precisa reforçar a todo instante que somos pecadores miseráveis e faz isso de milhares de formas diferentes, julga, condena, critica, nos coloca para baixo o tempo todo ou, então, nos deixa em um pedestal, fazendo com que nos sintamos melhores, mais especiais que outros.

Quando sabemos Quem Somos, quando reconhecemos que Somos criados pelo Amor como Ele mesmo, quando percebemos nossa invulnerabilidade, não precisamos mais nos defender, porque sabemos, dentro de nosso coração, que não podemos ser feridos, assim como não podemos ferir. Nossa inocência está garantida devido à nossa Fonte, e isso é inquestionável – graças a Deus!

IEs, faça com que eu me lembre que...

Sou criado e sustentado pelo Amor.

Posso tentar fazer de mim um ser pequeno, mas o Amor garante que eu sempre serei inocente.

Posso tentar fazer de mim um ser vulnerável, mas o Amor garante que eu sempre serei invulnerável.

Posso pensar que preciso me defender, mas o Amor sempre vai me lembrar que minha maior defesa é ser sem defesas.

Desde essa nova visão, posso deixar o silêncio tomar conta de minha mente.

Sou Amor, estou no Amor, respiro o Amor, descanso no Amor.

Esta é minha verdadeira realidade, minha versão mais elevada: Amor!

Nunca deixei a minha Fonte.

Posso relaxar, respirar profunda e lentamente, deixar que essa verdade tome conta de mim e apenas aceitar minha Verdadeira Identidade.

Posso me permitir sentir esse Amor, estar na Paz que vem dessa consciência. Posso lembrar que estou protegido na Mente Amor, totalmente imerso, totalmente a salvo, totalmente amado.

Posso permitir, neste momento, que meu interior seja preenchido de Paz e Unidade. Posso sentir essa Paz, esse silêncio...

Posso aceitar que Sou um Pensamento na Mente do Amor, que todos Somos esse Pensamento, que todos fazemos parte dessa Unidade.

Devo dar graças por ser assim.

16
A FUNÇÃO ESPECIAL

"O perdão é minha função como a luz do mundo. Quero cumprir a minha função para que eu possa ser feliz"
(*UCEM* L –pI.62.5:2).

"A minha função aqui é perdoar o mundo por todos os erros que tenho feito. Pois assim sou liberado de todos eles com todo mundo"
(*UCEM* L –pI.115.1:2).

Em meio ao vazio que eu sentia, havia uma frustração profunda: não sabia qual era meu papel no mundo. Que eu estava aqui por uma razão, isso eu sentia, e que era para realizar algo maior, uma função especial, também. Havia uma ânsia para realizar algo especial e deixar um legado para meus filhos, minha família e a sociedade. Precisava participar do projeto para tornar este mundo melhor. Sentia-me frustrada, pois essa função, ou dom, que eu tinha de descobrir não se revelava. Eu trabalhava muito, de algum modo, gostava do meu trabalho, só que faltava algo. O ego é perito em nos fazer sentir faltosos. Eu buscava incessantemente, em cursos, treinamentos, livros, algo que me desse uma pista. Tinha virado moda falar em propósito de vida, e a minha tinha que ter um. Foi assim até que comecei a estudar o Curso e entender que:

> "O senso de separação de Deus é a única falta que realmente precisas corrigir. Esse senso de separação nunca teria surgido se não tivesses distorcido a tua percepção da verdade e, assim, percebido a ti mesmo como se algo estivesse te faltando" (*UCEM* T1.VI.2).

A princípio, parece impossível haver uma única fonte de onde surgem todos os aparentes problemas que experimentamos: a crença na separação e seus derivados – pecado, culpa, medo. Se lançamos nosso olhar sobre o mundo e as pessoas à nossa volta, poderemos encontrar inúmeros fatores para nossas dificuldades e sofrimento. Neste momento, por exemplo, o mundo está passando por uma pandemia, talvez você esteja brigada com seu marido, ou com sua mãe, quem sabe seu negócio esteja indo mal, parece haver tantas razões. O fato é que todas elas são apenas símbolos do medo em uma mente que se sente separada. Este é o único erro que precisa ser corrigido: a falta de Amor em nosso coração.

Intelectualmente, sabemos que a felicidade está dentro de nós e que não há nada externo que possa nos dar a felicidade autêntica. Sabemos disso intelectualmente, porém, entender profundamente isso, como o Curso me fez entender, muda radicalmente a perspectiva das coisas. Houve um momento em que pude perceber a luz no fim do túnel. É claro que meu entendimento ainda era pouco. Minha mente estava bastante confusa, porém, eu sentia dentro do meu coração que a resposta a meus incessantes pedidos havia chegado. Conhecer o perdão verdadeiro ensinado no *UCEM* e começar a praticar em minha vida cotidiana começou a acalmar minha ansiedade.

No Curso, Jesus nos ensina que o perdão é nossa única função aqui. No início, me parecia algo pouco louvável e meio que sem importância para uma meta de jornada. No meu especialismo, pensava que isso seria algo comum, pouco excitante, que não me daria uma marca especial. No entanto, algo me dizia: "vá por esse caminho", e eu segui praticando, dia após dia.

Desde o momento em que comecei a estudar o Curso não quis mais ficar um dia sequer sem ler e praticar os exercícios. Ele nos ensina que só podemos conhecer a Verdade por meio de uma experiência de revelação, e, para mim, foi exatamente assim com o Perdão.

"A revelação induz à suspensão completa, porém, temporária, da dúvida e do medo" (*UCEM* T.1.II.1).

Essas experiências são muito difíceis de serem expressas em palavras. Um dia, percebi uma luz muito intensa, um calor em meu peito que se expandia em todas as direções, e uma certeza brotou em minha mente. Foi algo intenso e revelador, que me trouxe uma sensação de certeza, de presença, de força, que jamais havia sentido. Senti vontade de gritar para o mundo: "sim, minha função é perdoar! É isso que eu quero aprender, ensinar, vivenciar, praticar durante a minha jornada". Uma função linda, perfeita, libertadora, sanadora, que me enche de paz e alegria, que não é nada especial e não requer habilidades especiais, que pode ser realizada em todos os momentos da minha jornada – em casa, no trabalho, com os amigos – sem precisar de nenhuma mudança externa. Às vezes, ainda me pego pensando: "que presente melhor do que esse eu poderia dar a mim e ao mundo?" Então, uma paz e uma felicidade indescritíveis me invadem e sinto bem dentro do meu coração que estou no caminho certo.

Agora entendo que não é necessário melhorar o mundo, a única coisa que eu preciso é mudar a minha percepção sobre ele. Se eu percebo um mundo caótico, a única coisa que precisa de cura é a minha mente. Quando ela estiver livre da culpa, todo o resto seguirá de maneira natural. O mundo se transformará como consequência da cura e integridade da mente. Para mudar o filme, não adianta tentar mudar os cenários na tela, pois é lá no projetor que eles precisam ser mudados, na mente que projeta. A mente é causa, e o mundo é apenas efeito.

O Perdão é a via de cura da mente, a transformação do ódio em amor, o milagre da Luz que ilumina a escuridão, o desfazer do medo. Percebi claramente que nada mais no mundo poderia me ensinar algo mais poderoso do que isso, uma função nada especial, embora muito liberadora, um caminho de volta para casa. Chega de roteiros sem sentido, pois, agora, tenho um trabalho em constante progresso, porque sei que o perdão verdadeiro é um processo, não é algo que se faz uma vez na vida. Enquanto estivermos habitando este Universo e não estivermos totalmente despertos, sempre teremos a oportunidade de perdoar.

O objetivo do Perdão é nos devolver a consciência de nossa essência de Amor, livre do medo e da culpa. Sem culpa, somos invulneráveis, inocentes, o Filho que Deus criou perfeito. Que presente poderia ser maior do que caminhar por este mundo entregando nossas falsas percepções sobre os outros e nós mesmos? Quando estivermos dispostos a entregar tudo que vela a Verdade, nos lembraremos de Quem Somos.

O ego é perito em ver culpados por todos os lados, mas a Inteligência Espiritual somente vê inocência, pois sabe que a culpa não existe, que o que Deus criou perfeito não pode se tornar imperfeito, a não ser em ilusões. Todo erro é produto de uma mente inconsciente que não sabe Quem verdadeiramente É, confusa e enredada em sonhos de medo.

Estamos perdidos neste mundo, tentando encontrar nosso lugar, porque ainda sentimos que precisamos provar nossa valia. O tempo todo sentimos a profunda necessidade de sermos reconhecidos e amados. A humanidade tem feito coisas extraordinárias por causa dessa necessidade inconsciente de ser alguém. Queremos ser especiais, não importa como: por meio do trabalho, do companheiro, dos pais, do dinheiro, de falcatruas, de traição, de vingança, da caridade, do altruísmo, da vitimização etc. Tudo que nos move aqui, neste mundo de sonhos, é o desejo de ser especial. E é exatamente isso que precisamos perdoar.

IEs, faça com que eu me lembre que...

O Perdão é minha função.
Eu não poderia ter função mais linda.
O Perdão é a chave para a felicidade.
Ele cura todas as feridas, todas as mágoas, todas as ilusões.
Ele me coloca no caminho do Amor e me leva a despertar para a Sua Presença.
Somente essa função me fará feliz.

17
O DESEJO DE SER ESPECIAL

"Em todos os momentos, a única crença que é mantida zelosamente oculta e que é defendida, embora não seja reconhecida, é a fé no especialismo. Isso toma muitas formas, mas sempre se choca com a realidade da criação de Deus e com a grandeza que Ele deu a Seu Filho"
(UCEM T.24.I.3).

Em nenhum outro lugar ou ensinamento, encontrei referências sobre o desejo de ser especial da forma que o Curso faz. O desejo de ser único e especial é em si o combustível que move o Universo, é a causa de nossa experiência de dualidade. Nunca subestime a força desse desejo, pois ele tem o poder de fabricar universos. É óbvio que esse é um mecanismo inconsciente, não nos damos conta. Se fôssemos conscientes das consequências desastrosas desse insano projeto e de todo o sofrimento que ele nos causa, nunca o levaríamos a cabo.

Quem, em sã consciência, usaria o seu tempo por aqui para reforçar as diferenças e especificidades se soubesse que é exatamente isso que nos faz sofrer? Quem poderia imaginar que todos os problemas do Universo, todas as guerras, todas as doenças vêm do desejo de ser especial e que é justamente desse desejo que nasce o ego? Você já parou para pensar no investimento que fazemos para tornar as pessoas que amamos especiais? Já se deu conta de que essa necessidade é causa constante de sofrimento para o nosso pequeno eu? Tratar os filhos, os pais, os amigos, aqueles que são considerados importantes de forma especial e esperar ser tratado da mesma forma parece dar sentido à nossa vida. O que não percebemos é que, com isso, criamos separação. Menosprezamos, depreciamos, deixamos de fora aqueles que não são tão especiais para nós sem ter consciência que estamos deixando a nós mesmos de fora.

Se pararmos por alguns momentos para observar a nossa trajetória e nos lembrarmos das coisas que fizemos, com quem nos relacionamos, a faculdade que cursamos, com quem nos casamos, as viagens que fizemos, os filmes que assistimos, poderemos identificar imediatamente a energia do desejo por trás de todos esses eventos. Não erguemos um só copo sem que a energia do desejo não esteja por trás dessa ação. Foi o desejo que nos trouxe até aqui e é por meio dele que poderemos despertar.

No Amor, somos Um, nada, nada especiais. Para ser especial, temos que ser diferentes do que o Amor nos criou. E é isso que estamos tentando fazer o tempo todo, criar a parte de nossa Fonte. Ser especial é uma dura batalha que travamos com nosso Ser Real. Não que Ele esteja lutando, o fato é que nós estamos, a todo momento, tentando tornar real nossa individualidade. Lutamos para ter um lugar ao sol, para conseguir um espaço que seja nosso, onde compartilharemos ideias especiais com pessoas especiais, formamos nossa tribo, nossa turma, nossa família, que também é a mais especial, enfim, tudo que fazemos é para provar que somos diferentes uns dos outros.

Nosso corpo é a prova de que somos especiais e diferentes, pois não há um único corpo igual neste Universo. Nossa biologia garante nosso especialismo. Tanto é que não existem duas impressões digitais iguais no mundo, não existem dois grãos de areia iguais; tudo corrobora a ideia de especialismo e serve para provar que a separação é real.

Somente quando estamos dispostos a ir além das aparências, podemos reconhecer o que nos Une e perceber que qualquer diferença é uma ilusão de ótica de uma mente fragmentada que se desviou para o medo.

Acredito não haver outro ensinamento espiritual que explique de forma tão clara esse conceito e que nos mostre de forma tão inteligente como nasce esse desejo inconsciente que separa os bons dos maus, os melhores dos piores, os mais queridos, os menos inteligentes, os capazes etc. Inclusive, podemos observar a nossa reação quando assistimos a um filme e começamos a torcer para que o bandido seja punido e nos identificamos com o mocinho.

"O que tem de errado em querer ser especial?
Todos os problemas que você vê no mundo"
(*Um Curso de Amor*).

Sem o desejo inconsciente de ser especial, nossos problemas estariam acabados, as guerras não teriam sentido, o *status* perderia o valor, todas as nossas diferenças cairiam por terra. Bem lá dentro, sabemos que Somos Um. Em vista disso, como posso ser diferente de mim mesma? Para sermos nossa individualidade, nosso ser pequeno e especial, temos de esquecer que Somos o Todo – Ser/Amor/Unidade. Como pode haver alguém mais especial, mais importante, melhor entre aqueles que foram criados pela mesma Fonte? Não pode. O Amor não é especial, não é condicionado.

Desde a perspectiva de uma mente que se sente separada, não se poderia sentir outra coisa além de um imenso sentimento de escassez. O ego nos ensina a preencher esse sentimento de falta com coisas, objetos e ídolos criados na tentativa de preencher o vazio. Na tentativa de solucionar essa sensação de que falta algo, buscamos a completude em relacionamentos especiais com pessoas, trabalho, objetos, roupas, coisas, comida, viagens, dor, doenças, sofrimento, vitimização etc. Buscamos nossa cara-metade acreditando que, quando encontrarmos a pessoa certa, o trabalho certo, a casa certa, os amigos certos, nos sentiremos abundantes e deixaremos de nos sentir como mendigos atrás da felicidade e do amor.

É claro que o ego não nos conta que a falta que sentimos somente pode ser sanada pelo Amor que tudo abarca e não é nada, nada especial. É o Amor Maior, que está bem dentro de nós em seu mais puro potencial, aguardando para ser expresso, vivenciado, relembrado, experimentado. Quando tivermos a consciência dessa presença, nada nos faltará. Experimentaremos a plenitude e a abundância infinitas, sem opostos. O despertar para a realidade. Enquanto estivermos inconscientes de Quem Somos, vamos nos sentir faltosos, incompletos e continuaremos a usar nossos relacionamentos especiais para reforçar a crença na separação. Relacionamentos especiais são o lar do ego, portanto o maior recurso do sistema de pensamento de separação e conflito.

Nunca devemos nos esquecer que é sempre uma escolha primária entre Amor e medo que determina o professor que vamos ouvir. Se escolhermos o ego – medo –, nos sentiremos separados, especiais e veremos um mundo fragmentado. O medo e a culpa sempre vêm primeiro. As situações que experimentamos refletem essa escolha. Enviamos nossos mensageiros ao mundo, e eles retornam trazendo o conteúdo que encomendamos: separação ou Unidade – medo ou Amor.

É fundamental que tenhamos clareza sobre como a culpa age inconscientemente e é a base de nossos problemas. É importante reconhecer a projeção como o mecanismo que o ego nos incita a usar para fazer com que fiquemos livres dela. Que isso não está dando certo é um fato, pois ainda buscamos culpados, sofremos e sentimos medo. Todos os exercícios do *UCEM* nos levam a observar como opera essa dinâmica em nosso dia a dia e em nossos relacionamentos.

O Curso nos mostra que os nossos relacionamentos, tanto de amor quanto de ódio, são usados para reforçar o especialismo; queremos ser especiais para algumas pessoas, ao mesmo tempo em que cultivamos sentimentos especiais por outras. Isso faz com que os relacionamentos, assim como os conhecemos no mundo, sejam o lar da culpa usados pelo ego para perpetuar o seu sistema de pensamento de separação.

Os relacionamentos especiais

O *UCEM* nos ensina que Somos Um Só Ser – Cristo. O Amor que tudo abarca. Eternamente Imutável, Invulnerável, amoroso para sempre. O que acontece é que estamos muito longe de nos reconhecermos nessa verdade. Somente existe a Unidade; a nossa percepção é de um universo inteiro de objetos e coisas separadas. A humanidade se sente fragmentada em bilhões de corpos que interagem entre si como se houvesse uma fronteira chamada pele e uma brecha que os separasse. Assim, alguns corpos são mais especiais para mim, outros mais especiais para você, ao mesmo tempo que alguns são mais odiados por mim e outros mais odiados por você. A isso, chamamos de relações de amor especial e relações de ódio especial.

Somos Amor, com A maiúsculo, um Único Ser relacionando-se, Felicidade Plena, Paz Perfeita, nada, nada, nada especiais. Dizer isso intelectualmente não significa nada, é necessário que possamos sentir dentro de nosso coração. O X da questão é que a memória de Unidade está perdida para nós, que escolhemos ouvir o pequeno eu – ego. Estamos constantemente buscando preencher a brecha por meio de nossos relacionamentos com as pessoas e o mundo. Estabelecemos relações de amor e ódio com a comida, o trabalho, as pessoas, as religiões e o governo aos quais damos o poder para nos completar e curar a sensação de carência.

Para sermos especiais e nos experimentarmos como um pequeno eu, é necessário que nos esqueçamos de Quem Somos. Isso é possível por meio do mecanismo de dissociação. Dissociamos, rompemos, criamos um abismo entre nós e o mundo, dizendo que há um dentro e um fora. Essa crença é a base para a sensação de vazio existencial, o sentimento de sermos errados e incompletos. Parece haver uma fronteira que nos delimita, um espaço vazio, uma brecha, cheia de medo. Medo da perda, medo de ser traído, medo da morte, medo de ser rejeitado, medo da ruína financeira, medo da solidão, medo de ser abandonado, medo de não ser bom o suficiente, medo de não ser aceito, medo de não ser amado, medo de não ser compreendido...

É claro que esse vazio não pode ser preenchido por nada externo a nós. Ninguém tem o poder de nos fazer sentir completos, íntegros, assim, a relação especial que, a princípio, parecia ser uma relação de amor, se transforma em uma relação de amor e ódio. Hoje, eu amo você porque você é o que sempre sonhei, mas ontem, eu estava com ódio de você, porque você se esqueceu de consertar o aquecedor e tive de tomar banho frio.

O *UCEM* nos mostra de forma clara que todas as nossas relações, neste mundo, estão inconscientemente carregadas de ódio. Isso me parecia impossível. Como assim? Minha mente dual não podia entender e aceitar, a princípio, que existisse algum traço de ódio em minha relação com meus filhos, por exemplo. Debati internamente sobre isso por um bom tempo, até que comecei a compreender a dinâmica da projeção da culpa e como o ego se utiliza do mundo e das pessoas. O quanto estamos sempre ostentando a face da inocência e tentando buscar um culpado por nosso mal-estar. Inconscientemente, necessitamos de alguém para culpar. A mente egoica sempre fabrica dualidade: um inocente e outro culpado. As pessoas mais próximas são nossos maiores bodes expiatórios, por isso sempre digo aos meus filhos que uma das coisas que terão de fazer na vida é perdoar a mãe deles.

Existem aquelas relações de ódio explícito mesmo. Isso acontece quando não bate a nossa energia com a da outra pessoa, quando há muito perdão a ser feito. Essas relações são chamadas de relação de ódio especial; nelas, a raiva e o ódio são evidentes, a mágoa é alimentada continuamente e existe nojo e desdém. Nesses relacionamentos, o bode expiatório é consciente, jogamos toda a nossa fúria nele e nutrimos mentalmente o vitimismo e as desavenças, nos afastamos porque estamos cobertos de razão e não há dúvidas, pois ela nos dá motivos claros para isso.

Há aqueles relacionamentos em que sentimos proximidade e carinho pelos outros. Pessoas de nosso cotidiano, familiares, colegas, amigos e conhecidos aos quais nutrimos afeto. Nessas relações, o ódio fica velado e parece não existir. Tudo certo, talvez só um pouquinho, de vez em quando! São as nossas relações de amor especial, que também podemos chamar de relações de amor e ódio. É óbvio que, a princípio, o ódio fica lá no inconsciente bem escondidinho, inclusive parece impossível que haja outro sentimento que não seja amor. A culpa não é percebida, a raiva é escondida, e o ego nos faz acreditar que é realmente uma relação de amor. Mais cedo ou mais tarde, o ego vai agir e, por trás da aparente paz perfeita, surgirá o conflito, basta que alguém se sinta profundamente frustrado porque o outro não atingiu as suas expectativas.

Achamos que é normal amar alguém para um pouco depois nos decepcionarmos, magoarmos e ficarmos furiosos com essa pessoa. Aqui, fica evidente o quão distorcida está a nossa ideia do que é amar. Se você ama alguns e outros não, isso não é amor, é especialismo, a forma de amar do ego. Quando escolhemos aspectos para amar, ou quando amamos mais uns e menos outros, estamos limitando o amor, fragmentando-o, tornando-o condicionado. Esse amor que sentimos aqui, neste universo dual, que impõe condições para amar, cheio de expectativas e crenças, serve apenas para reforçar a separação e o especialismo. Meu querido professor Jorge

Lomar pergunta: "como um coração condicionado pode amar sem condições?"

O Amor dos Místicos e Sábios, aquele que é descrito por Jesus e Buda como a nossa Realidade Imutável, não pode sofrer variações de níveis e graus. Esse Amor não discrimina, não aflora em um momento para desparecer logo ali. O Amor não nasce e não morre, é Vida Eterna. Está sempre presente, não é um sentimento com altos e baixos; é um nível mental de Unidade, uma Fonte Profunda que jorra desde dentro e abrange todas as coisas. Você não precisa buscar esse Amor e nunca vai encontrá-Lo fora. Essa possibilidade reside apenas na parte da nossa mente iludida e conectada com o eu pequeno.

Esse tipo de Amor Divino parece difícil de se atingir, algo bem distante de nós, possível apenas para alguns Místicos e Sábios. Será mesmo que estamos fadados ao fracasso e a perpetuar a dualidade amor/ódio em nossas relações? A resposta é não! Existe, sim, um caminho para voltarmos para casa, para esse lugar dentro de nós que é Amor, onde nos sentimos preenchidos, amados e adorados para sempre, onde somos amáveis e amamos para sempre.

O propósito do ego para nossas relações é muito claro: separação, especialismo, sofrimento, ataque e defesa. Sim, ele nos dá alguns presentinhos, momentos de felicidade, para logo, logo, cairmos de volta no labirinto do medo. Por intermédio do ego, não há perspectiva para nossas relações. Somente com a ajuda da Inteligência Espiritual nossas relações passam a ter um novo propósito. De separação à Unidade, de especialismo a "eu e você somos o mesmo", de sofrimento à Alegria, de ataque e defesa a não julgamento.

Sob a orientação da Inteligência Espiritual, todo relacionamento especial tem o potencial para ser um Relacionamento Santo. É necessário um nível elevado de maturidade espiritual para experimentar esse tipo de relacionamento onde o Amor Incondicional está sempre presente. Há aceitação profunda, compreensão, paz e alegria, independentemente do que ocorra; o perdão está sempre acontecendo. Estar convivendo com a pessoa ou a milhares de quilômetros de distância é irrelevante. O Amor permanece imutável, pois é impossível amar e depois deixar de amar. O verdadeiro Amor não tem a ver com especialismos, com o quanto concordamos ou discordamos, se somos da mesma tribo ou se pensamos diferente sobre determinados assuntos.

Quando decidimos verdadeiramente entregar nossas relações para a Inteligência Espiritual é porque já pronunciamos a oração: tem que haver outra maneira de nos relacionarmos. Bem dentro de nossa mente, mudamos de propósito. Queremos a Paz que transcende o entendimento. Já não nos satisfaz essa brincadeira de criança de ser especial. Abrimo-nos à inocência. Isso não é fácil a princípio, pois o ego vai querer intervir no processo. Se formos bem honestos, reconheceremos que este é o nosso maior medo: descobrir que amamos a todos os Seres sem distinção, inclusive aqueles que estamos escolhendo odiar. Como diz Byron Kate: "é muito claro para mim que todo mundo me ama. Eu só não tenho expectativa de que eles já tenham se dado conta disso". Nosso coração sabe a verdade, o Amor é o nosso destino final.

Conforme aprofundamos em nossa prática do perdão e vamos entregando nossos relacionamentos para serem curados e transformados pela Inteligência Espiritual, podemos nos surpreender ao acordar um dia e perceber que o Amor que Somos é capaz de amar aquilo que parece impossível amar, que nossos valores, crenças, programas sociais e familiares nos dizem que não devemos amar. Esse é um ponto de virada, um despertar de consciência, um portal para reconhecer o Poder todo abrangente do Amor.

É claro que nosso intuito não é chocar o mundo; não estamos falando aqui de sair por aí declarando "eu te amo". O Verdadeiro Amor transcende o mundo da forma. Vamos continuar demonstrando nosso Amor de forma diferente com nosso companheiro, nossos filhos, nossos familiares e amigos, porém com a clareza mental da incondicionalidade e da não exclusão. É o Amor que transcende o mundo da forma, o Amor espiritual, nossa conexão com o Divino. O Amor que tem o poder de apresentar milagres e transformar o jeito que vemos o mundo.

Exercício

Vamos fazer um exercício de observação interna:
* O quanto você considera algumas pessoas mais especiais que outras?
* O quanto você gosta de demonstrar que existem pessoas especiais em sua vida?
* Quem você está deixando de fora do seu amor?
* Você consegue perceber que, quando torna algumas pessoas especiais em detrimento das outras, se afasta e se separa daquilo que foi criado Uno?
* Você consegue perceber que quando se sente especial ou faz de alguns especiais está rejeitando a si mesmo?

Sim, talvez, por muito tempo ainda, nosso amor por alguns possa parecer maior do que por outros, afinal estamos nos curando. Agora, porém, sabemos que é exatamente esse tipo de relacionamento, de Amor condicionado, que nos torna infelizes. Se começarmos a tomar consciência disso, sem nos julgar, vamos permitir que esse Amor especial venha à nossa consciência para ser transformado e vamos entregando todas as nossas relações para que a Inteligência Espiritual lhes dê um novo propósito.

Agora, vamos parar por alguns minutos e nos perguntar: o que poderia acontecer se eu amasse todas as pessoas da mesma maneira? Feche os olhos por alguns instantes. Deixe que essa pergunta penetre em seu sistema de pensamento. Não responda, apenas respire e sinta. Quem sabe, em algum momento, a resposta lhe será revelada, no momento certo, na hora certa.

IEs, faça com que eu me lembre que...

Somos Amor.
Sendo Amor, Somos um único Ser.
O Amor é presença, está em toda parte.
O Amor sendo Amor não se limita, não exclui, não tem preferências.
O Amor sendo Amor não é especial, não é condicionado.
O Amor é a Fonte da Vida e se dá igualmente para todos.
O Amor nos torna iguais, nada, nada especiais.

18
Milagres Já

*"Milagres são naturais.
Quando não ocorrem, algo errado aconteceu"*
(*UCEM* T-1.1.6:1-2).

"Tanto os milagres quanto o medo vêm dos pensamentos. Se não estás livre para escolher um deles, também não estarias livre para escolher o outro. Escolhendo o milagre, rejeitaste o medo, mesmo que apenas temporariamente"
(*UCEM* T-2.VII.3:1-3).

Bem no início, quando comecei a estudar o *UCEM*, eu tinha um certo receio de que as pessoas soubessem. Minha definição egoica de milagre me fazia ter vergonha e até uma certa aversão ao nome do Curso. Devido à minha falsa ideia do que é um milagre, me parecia que o nome do Curso estava mais para uma promessa da Nova Era do que para o conteúdo autêntico e potente com o qual eu estava começando a ter contato. Eu pensava que somente alguns escolhidos e santos poderiam realizar milagres; não me parecia uma boa ideia que nós, simples mortais, cheios de pecados e contradições, tentássemos fazê-lo. Por outro lado, meu ego estava empolgado com a possibilidade de operar milagres, de curar os doentes e transformar a matéria. É claro que, nem de longe, eu entendia o que é verdadeiramente um milagre. O título *Um curso em milagres* não é por acaso: se não fosse pelos milagres, nunca sairíamos desse labirinto de culpa e medo em que nos encontramos.

Até conseguir entender a metafísica dos milagres, eu ainda pensava em modificação da matéria, em curas físicas e desejos egoicos atendidos. Hoje, sei que os milagres ocorrem na mente e se dão quando há uma mudança de percepção do mundo físico, que é uma ilusão, efeito de crenças, para o Mundo Real que é a Realidade Absoluta, o Ser além da forma. A mente é a causa de tudo, e essa é a primeira correção que o milagre precisa fazer, devolver à mente o poder de causar.

O milagre ainda precisa desfazer a confusão entre forma e conteúdo, que é o que ocorre por estarmos desconectados de nossa Identidade Crística. Nossa visão está treinada para ir até o mundo da forma, nem um milímetro além. Milagres são a correção dessa visão estreita e limitada. Achamos que somos esse ser pequeno, com uma identidade própria. Vemos as coisas por intermédio do sistema de aprendizagem do ego, baseado na percepção de separação e focado no universo 3D. Eu confundia milagres com magia, pensava neles como uma forma de curar um câncer, ou talvez ganhar na loteria.

Nosso modelo dualista de pensar nos impede de ver e entender a relação que permeia todas as coisas, faz com que não possamos Reconhecer o Divino além da ilusão. Por essa razão, precisamos de milagres. Eles são portais que nos levam a uma instância mental na qual adquirimos a convicção e a fé necessárias para dar um salto de confiança que nos permite ir além da visão pequena e limitada. Pensar em milagres como efeitos no mundo físico não permite que possamos compreender o seu verdadeiro poder curativo e purificador.

O Ser que Somos em essência não necessita de milagres. No nível da consciência, em que Somos Todos Um, eles perdem o sentido. Somente a mente que pensa de forma dual necessita de milagres, uma vez que são necessários para que a mente que escolheu a dualidade possa recordar a Unidade.

Precisamos de milagres. Sem eles, não sairíamos jamais do labirinto de ilusões em que nos metemos. Nossa mentalidade está tão distorcida que só mesmo um milagre para reverter nosso modo de pensar. Eles são necessários devido à nossa mente estar em conflito e nos oferecem uma outra forma de pensar, que resulta em uma nova experiência e nos proporciona um despertar para ouvir a Inteligência Espiritual.

O milagre é sempre uma resposta de Paz, de Sabedoria, de Perdão e de Amor. Sua função é proporcionar a mudança de percepção do medo ao Amor. Além disso, milagres colapsam o tempo. "O milagre é um instrumento de aprendizado que faz com que a necessidade de tempo diminua", por isso ele é como um salto quântico. Conecta-nos com a Santidade, a minha, a sua, a nossa. Pedir um milagre é deixar de acreditar no pequeno eu, no fraco e no limitado e estar decidido a reconhecer a Grandeza que nos torna Um.

Um milagre não faz nada, ele apenas desfaz. Retira as capas de falsidade que o ego fabricou e deixa que a Verdade seja revelada. Os milagres são nossa herança como Filhos de Deus, por isso pedi-los é reclamar por aquilo que já é nosso. Temos direito a milagres por sermos Quem Somos. Quando nos desviamos para o mundo da fragmentação, diga-se medo, nos esquecemos de nossa essência Divina, e o Ser que Somos ficou encoberto pela culpa que aparece disfarçada em milhares de formas diferentes: expectativas, regras, leis, obrigações, metas, desejos conflitantes, busca sem sentido, vazio existencial, felicidade baseada em eventos, vícios etc., tudo símbolo da culpa inconsciente.

As leis do ego são baseadas no medo, portanto, são leis da escassez. Por estarmos dando ouvidos e colocando nossa fé nelas, não nos sentimos capazes de ser canais milagrosos. Por nos sentirmos destituídos de poder, confusos, medrosos, tememos fazer a escolha errada. Temos medo de pedir um milagre, ele se realizar e sofrermos as consequências de uma escolha errada. Estamos tão assustados que preferimos nem tentar, porque, verdade seja dita, nosso maior medo não é da morte, é da Vida Eterna, da Vida vivida a partir de nossa Invulnerabilidade, de Quem verdadeiramente Somos.

Escolher um milagre é escolher sair de cena e permitir que o Amor decida, ouvir a Sua Vontade, deixar a Inteligência Espiritual agir. É estar disposto a uma mudança total de percepção, uma volta de 360 graus em nossa maneira de olhar o mundo, as pessoas, as situações. É a transformação do sistema de pensamento do medo para a Visão do Amor. É olhar com a ajuda da Inteligência Espiritual, o Espírito Santo. É escutar a Voz da Razão, soltar toda vitimização e ideia de escassez, estarmos abertos e permitir que a abundância infinita atue em nossas vidas.

Quando a brecha que o ego fabricou se fecha, nos sentimos Unos com tudo que existe e é Real: o Amor, a Paz Perfeita, a Alegria Serena. Nesse estado, podemos nos reconhecer como Cocriadores com Deus. Esse é um estado de abundância infinita, em que não existe falta, um estado livre de culpa e medo, no qual soltamos todas as exigências egoicas e nos focamos em aceitar e reconhecer aquilo que está presente. A Única Fonte de nossa verdadeira abundância, o Amor infinito de nosso Criador que preenche totalmente nosso coração, nos faz sentir a Alegria sem causa e ver a Beleza que Une todas as coisas muito além do mundo da forma.

Pode ter certeza: a Verdade está escancarada diante de nossos olhos, porém eles estão treinados para ver fragmentação, estamos cegos para o Mundo Real que a verdadeira Visão proporciona. A Verdade sempre esteve diante de nós, no meio de nós e nunca deixou de estar. Nunca esteve em outro lugar, em outra dimensão, nunca mudou nem nunca mudará. Nossos olhos estão vendados para Ela. O pequeno eu nunca vai mudar, vai continuar escolhendo apostar no especialismo e ver diferenças. Precisamos retornar à mente, ao Tomador de Decisões, à parte de nossa mente que escolhe para fazer uma nova escolha, a escolha pelo milagre. A única forma de transcendermos o véu da ilusão é soltar a visão pequena e limitada. Esse é o único caminho para reconhecer o Amor que permeia a Vida, que tudo abrange e que não tem opostos.

Um curso em milagres foi ditado por Jesus, e não acredito que Ele tenha usado a palavra "milagres" apenas como uma metáfora. Milagres são literais, "ocorrem naturalmente como expressões de amor". Somos nós com a nossa percepção distorcida que ainda caímos em tentação e consideramos coisas externas a nós como causa, invertendo a flecha e confundindo níveis. A causa sempre está na mente, portanto, todo milagre ou correção somente pode ocorrer na mente. Quando nos preocupamos com o efeito, o mundo da forma, estamos investindo em ilusões.

A princípio, é muito normal seguirmos confundindo as coisas, pedir a cura física por exemplo, pedir que se resolva um conflito ou que o dinheiro apareça, e está tudo certo. Ainda, por um bom tempo, vamos seguir pensando com a mente dual e vamos querer que as coisas à nossa volta sejam corrigidas no nível da forma. Essa confusão entre forma e conteúdo costuma ser uma dificuldade dos estudantes do Curso. Percebi claramente isso quando, um bom tempo depois que comecei a estudar o *UCEM*, uma pessoa muito próxima ficou doente. Peguei-me entregando, pedindo o milagre da correção do meu pensamento distorcido, mas, ao mesmo tempo, esperava o resultado na forma, esperava a cura física.

Foi então que me dei conta do quanto eu estava confundindo as coisas e de que aquele era um momento decisivo na minha caminhada, uma oportunidade para dar um salto quântico, para praticar a Confiança. Decidi saltar no vazio, literalmente me senti pulando de um prédio de 20 andares sem saber o que havia lá embaixo. Pedi unicamente a correção dos meus pensamentos. Se eu estava acreditando na doença, era eu que necessitava de cura.

Pedi para reconhecer o Ser muito além do corpo. Pedi um milagre! Pedi para estar em paz acima de qualquer coisa. Saltei e me senti carregada no colo, senti a Inteligência Espiritual me confortando, senti a paz que vem quando a mente para de brigar com o que está acontecendo. Entendi que causa e efeito nunca estão separados, e o efeito de uma mente em paz, é a paz. Nesse caso, a cura física aconteceu, mas isso já não era meu foco.

"Eu inspiro todos os milagres, que são realmente intercessões. Eles intercedem pela tua santidade e fazem com que as tuas percepções sejam santas. Colocando-te além das leis físicas, eles te erguem à esfera da ordem celestial. Nesta ordem, tu és perfeito" (*UCEM* T-1.I.32).

As leis que o ego nos ensina e que governam o mundo e o corpo não são as leis da Verdade, e sim de escassez, morte, sofrimento, perda, culpa, dificuldades, rejeição, revolta, dor etc. Somente estamos sujeitos a essas leis porque acreditamos nelas, colocamos fé e as legitimamos. Acreditamos que o mundo físico é causa, damos ao corpo o poder de ser criativo. Não foi a mente que surgiu da matéria, foi a matéria que surgiu da mente. Somos nós que atribuímos poder à matéria, por consequência, o corpo, que por natureza é um instrumento neutro, passa a ter o poder para sofrer dor, ser atacado e morrer, assim, passa a ser mais poderoso do que a Vontade Divina de benevolência, abundância e graça.

Invertemos as coisas, colocando a causa no mundo, no corpo, dizendo que a mente não possui nenhum poder. Um corpo doente é um trunfo do ego, cujo objetivo é sempre desacreditar a mente. Assim, parece que estamos à mercê das leis do ego de sofrimento, envelhecimento e morte. Despertar para a realidade além da forma e pedir milagres é reconhecer a lei mais fundamental que existe: a lei de causa e efeito. Como já disse, causa e efeito nunca estão separados, e se a causa sempre está na mente, o efeito também está.

> "O trabalhador de milagres tem que ter respeito genuíno pela verdadeira lei de causa e efeito, como uma condição necessária para que o milagre ocorra" (*UCEM* T-2.VII.2:4).

O que aconteceria se tomássemos posse de nosso poder infinito e aceitássemos a cura em nossa mente? O que aconteceria se ficássemos livres da culpa e do medo? Você consegue imaginar o imenso poder curativo do Perdão e da Expiação? (Expiação como o desfazer da culpa, e não como o ato de pagar por elas.) O *UCEM* nos ensina que o mundo e o corpo são neutros e que todas as mudanças e nuances que eles podem sofrer vêm do sistema de pensamento que adotamos. Se adotarmos o ego como professor, experimentaremos doença, culpa, dúvida, dor e morte. Se buscarmos a ajuda do Amor para nos guiar, vamos experimentar alegria, inocência, cura, paz e vida eterna. Se persistirmos no ego, nunca experimentaremos o poder de uma mente curada.

> "A mente sem culpa não pode sofrer. Sendo sã, a mente cura o corpo, porque ela foi curada. A mente sã não pode conceber a enfermidade, porque não pode conceber ataque a qualquer pessoa ou qualquer coisa" (*UCEM* T-5.V.5:1-3).

Ser um agente de milagres, como nos ensina o *UCEM*, requer que deixemos a nossa limitada visão de lado. O Amor vê somente a Verdade, Ele não pode ver o que é falso. Esse é o convite de Jesus para que possamos ver como Ele vê, e isso é um Milagre.

No mundo, aprendemos que ter compaixão é nos unirmos à dor do outro. Oferecer milagres é transcender essa visão. A Inteligência Espiritual nos capacita a andar pelo mundo pedindo a correção dessa distorção, pedindo para ver a Luz que habita em cada Ser. Como podemos acabar com a miséria se a tornamos real por meio de nossa percepção? É claro que não estou falando em ser indiferente, estou falando em acreditar que existe uma Fonte Suprema de Amor, Sabedoria e Abundância na qual todos estamos conectados. Não apenas alguns, mas todos nós. A consciência disso é um Milagre, uma nova forma de pensar e de estar no mundo. É um estado mental de Unidade em que tudo flui de maneira natural. Assim é o perdão verdadeiro, o maior Amor que podemos dar aos outros e ao mundo.

Perguntas para gerar consciência

1. Você está disposto a soltar a sua antiga maneira de ver?
2. Está disposto a aceitar a ideia de que está errado a respeito de quem é e de como o mundo é?
3. Está disposto a escolher ser feliz ao invés de ter razão e escolher o milagre que existe por trás de todas as situações?
4. Como seria para você um mundo sem dor, sem sacrifício, sem guerras, sem medo?

IEs, faça com que eu me lembre que...

Existe Unidade por trás da matéria.
Essa Unidade é o Amor que permeia todas as coisas.
Todos nós fazemos parte dessa Unidade.
Somente o milagre da Verdade dissipará as ilusões e, portanto, o ego.
Para lembrar Quem Sou, preciso começar lembrando Quem você É, e isso é um Milagre.
O Milagre transcende o mundo da forma e nos coloca no mundo Real.
Nossa herança natural é um estado mental de paz, serenidade, abundância infinita, Amor incondicional.
Estou disposto a receber e oferecer milagres?

19
O verdadeiro Perdão

"O perdão é a única coisa que representa a verdade nas ilusões do mundo. Ele vê a sua nulidade e olha através das milhares de formas nas quais podem aparecer. Ele olha a mentira, mas não é enganado. Não atende aos gritos autoacusadores de pecadores enlouquecidos pela culpa. Ele olha para eles com olhos serenos e lhes diz apenas: 'Meu irmão, o que pensas não é a verdade'"
(*UCEM* L-pI.134.7).

O Perdão é a chave para a felicidade! É o método que o Curso nos ensina para nos levar à Expiação – viver sem medo, nos libertar dos pensamentos de culpa de tudo que é ilusório e do sofrimento autoimposto. O Perdão abre a porta fechada pelo ego e deixa a luz entrar, iluminando a escuridão de nossa mente. Onde antes víamos culpados, agora vemos inocentes crianças de Deus. Assim opera o Perdão, desfazendo toda a falsidade que o ego inventou. Ser um "perdoador" é escolher a Expiação para si mesmo, é permitir que a Inteligência Espiritual nos mostre um outro jeito de olhar para o mundo, para as pessoas e para nós mesmos.

A primeira coisa que precisamos é nos desfazer do velho conceito de perdão, aquele em que tornamos real o erro em nossa mente para depois perdoá-lo. Se tornamos o erro real, decretamos que o pecado é verdadeiro e que o Filho de Deus é culpado; assim, o verdadeiro perdão é impossível. Se vemos o outro como culpado, mas nos colocamos em uma posição de superioridade ou de falsa humildade em relação a ele e decidimos perdoá-lo por pena ou porque estamos cansados do conflito e decidimos deixar para lá, já excluímos qualquer possibilidade de perdão real.

"O perdão não é piedade, já que a piedade apenas busca perdoar aquilo que pensa ser a verdade. O bem não pode ser dado em troca do mal, pois o perdão não estabelece o pecado em primeiro lugar para depois perdoá-lo. Quem pode realmente dizer com real intenção: 'Meu irmão, tu me machucaste, no entanto, porque sou o melhor dentre nós dois, eu te perdoo pelo meu ferimento?' O teu perdão e o teu ferimento não podem coexistir. Um nega o outro e não pode deixar de fazer com que o outro seja falso" (*UCEM* T-27.II.2:6-10).

O velho modo de perdoar não nos tira do labirinto de culpa e medo, apenas protela o aprendizado que nos possibilita qualquer situação ou pessoa a qual julgamos como culpada. É claro que o ego vai fazer de tudo para nos manter aprisionados em falsos conceitos. Se estamos em meio a um conflito ou vivendo situações de estresse, com muita facilidade ouvimos a voz do pequeno eu afirmando que estamos cobertos de razão: "o outro me magoou profundamente. Se o perdoo e deixo assim, ele nunca vai aprender e vai acabar repetindo o erro. Além disso, o que os outros vão pensar? Que sou fraco e que, se perdoo, ele vai acabar me controlando, me manipulando". O pequeno eu nos faz lembrar constantemente que guardar mágoa é uma garantia, um trunfo para algum momento futuro, e também nos dá a segurança de que essa pessoa não vai mais se aproximar de nós. O fato é que guardar mágoas impede nossa Luz de brilhar e garante que o Ser Real – Quem verdadeiramente Somos – continue inconsciente para nós. Mágoas são como densas nuvens que encobrem a luz do sol, mas quando ultrapassamos as nuvens, podemos ver que o sol está ali, sempre brilhando.

O sistema de conflito é como um gerador de nuvens, uma máquina daquelas de gelo seco, soprando mais e mais, alimentando cada vez mais o pequeno eu – ego –, escondendo a luz do sol. Se dermos ouvidos a ele, seguiremos abaixo das nuvens, presos na fumaça do gelo seco, dando realidade à dor, ao conflito e às mágoas. Existe luz além das nuvens, existe paz infinita para quem pratica o perdão verdadeiro, existe benevolência e graça, um sonho feliz.

Para tomar consciência do que nos mantém abaixo das nuvens, é necessário um certo grau de discernimento e maturidade espiritual, ser um observador de sua própria mente, tomar consciência dos pensamentos que nos mantêm aprisionados no nível das densas nuvens e que nos impedem de ultrapassá-las. Se formos bem honestos, poderemos reconhecer as nossas próprias resistências a perdoar. Poderemos reconhecer o desejo de ter razão que alimenta o conflito em nossa mente e garante que a paz interior, a luz e a felicidade autêntica, que são nossa herança natural, fiquem bem longe de nós.

O objetivo do perdão verdadeiro é nos devolver a sanidade, recuperar nossa memória perdida em sonhos de especialismo e restaurar nossa consciência livre de culpa e medo, por meio da qual nos lembraremos de que Somos invulneráveis. Esse perdão ensinado por Jesus através de Seu Curso desfaz a nossa constante sensação de ameaça e nos faz soltar a necessidade de ataque. É um caminho de tomada de consciência sobre a nossa maneira de perceber as coisas, uma prática cotidiana que, gradualmente, vai descondicionando a mente para que a verdadeira visão seja recuperada.

Somos Amor, criados pelo Amor como Ele mesmo. Somente por isso o perdão verdadeiro é possível. A nossa mente, condicionada pelo sistema de conflito, não consegue perceber essa verdade, portanto, precisamos praticar o perdão nas pequenas coisas do dia a dia, em nosso cotidiano, em cada instante em que nos dermos conta de que não estamos em paz. Todos nós queremos paz e, se aceitarmos o perdão verdadeiro como nosso caminho de vida, acontecerá uma mudança radical em nossa mente, uma verdadeira revolução, uma guinada total, um novo sentido para nossa jornada e nossos relacionamentos.

Podemos dizer que o perdão é um processo, um caminho de vida. Ele é desnecessário para aqueles cuja mente não acredita mais no mundo da escassez, é desnecessário para aquele que sabe Quem Verdadeiramente É, que está desperto e compreende que sofrer não faz sentido. Depende de uma decisão: quero ser feliz agora, quero deixar de sofrer, quero ser livre, viver em paz. Quero liberar o mundo de ser meu carcereiro, quero liberar as pessoas à minha volta de serem meus prisioneiros, liberar tudo e todos de minhas projeções.

O ego vai nos dizer: "como ser feliz em meio a tantos conflitos e problemas no mundo?" É necessário ter empatia, se unir à dor, se sentir mal diante das atrocidades, ter piedade, sofrer junto. O ego nos dá um menu de como devemos agir perante a dor do outro, tudo para nos manter acorrentados à ideia de que o sofrimento dignifica. Pode escolher como vai sofrer. O mais importante não é como, é sofrer. E assim nos oferece um cardápio de possibilidades, de jeitos e motivos para ficarmos magoados, estressados, sentindo pena, raiva, ódio, tristeza etc. O importante é ficarmos aprisionados no sistema de conflito.

Estamos cansados de sofrer. Queremos a paz perfeita. Queremos tomar posse de nossa herança natural, fazer as pazes com este momento. Queremos ouvir a Inteligência Espiritual, a Voz da Razão, aquela que fala por Deus. Queremos nos sentir em harmonia e unidade e expressar o Amor que Somos. Por isso, decidimos perdoar.

"A tolerância à dor pode ser alta, mas não é sem limites. Eventualmente, todos começam a reconhecer, embora de forma tênue, que tem que existir um caminho melhor" (*UCEM* T.2.III.3:5).

Perdoar é deixar de sofrer, deixar de ouvir as lamúrias e argumentações do pequeno eu para ouvir a Inteligência do Amor, permitir que ela nos guie, soltar literalmente o controle. O perdão verdadeiro não é algo imposto, ou que devemos fazer para podermos entrar no céu. Ele é, antes de mais nada, uma decisão pela paz e depende de nosso desejo profundo de cura, libertação e paz para que o processo se inicie.

A lição número 1 de um perdoador, daquele que deseja despertar, é deixar de atribuir ao mundo o seu sentir. Aprendemos consistentemente que o mundo é a causa de nossa felicidade estar no mundo, que a paz vem dele, que, agora, para sairmos desse jogo de culpa, precisamos fazer uma reversão total de pensamento. Esse é o primeiro passo, um componente fundamental na fórmula: "eu não sou vítima do mundo que vejo"; "nada do que experimento é causado por algo externo"; "sou eu o criador das regras, o arquiteto do sonho". Ter consciência e clareza dessa regra é o primeiro passo para a prática do perdão verdadeiro, assim como saber que o mundo que experimentamos é o efeito dos pensamentos que sustentamos em nossa mente – nada mais, nada menos.

O Perdão desprograma a mente programada pelo conflito, como se fosse um antivírus, e nos leva, gradativamente, a reconhecer que não somos esse pequeno eu, essa voz de conflito que fala em nossa mente. Somos Mente, compreensão, Espírito, eternidade, abundância infinita, Paz profunda, Amor. Somos a imagem de nosso Criador, invulnerável e eterno, Somos felicidade que tudo abarca, um só Ser unidos à Fonte.

Não podemos reconhecer esse estado de Graça porque, deliberadamente, estamos nos colocando em posição de fragmento, em um mundo onde parecem existir outros fragmentos fazendo algo que foge à nossa vontade. Chamamos esses fragmentos por nomes específicos em uma multiplicidade de formas e situações que servem ao propósito de provar que a separação é real. Para que o Perdão comece a operar, precisamos sair da posição de fragmento, objeto no sonho e olhar de cima do campo de batalha. Devemos compreender que, em um nível mais profundo, onde o jogo se gesta, sempre, sempre, sempre estamos experimentando os cenários da fase que escolhemos estar. Nossos ídolos estão ali, representando os papéis que lhes atribuímos.

Para ser um perdoador, não precisamos abdicar do mundo, meditar muitas horas, ou viver em uma montanha. O perdão verdadeiro não é um processo de mudança de comportamento. É um processo que ocorre na mente, na causa. Qualquer mudança que aconteça no mundo da forma é apenas consequência de uma mente em Paz, de uma mente curada.

Chegou o tempo de perdoarmos o mundo, de curarmos a nossa percepção para encontrarmos uma nova Visão, o mundo Real, onde possamos reconhecer a Paz e a Unidade. Isso não se dá com a busca constante, o esforço incessante, a luta, a conquista ou as novas descobertas científicas, mas, sim, por meio de nossa própria Paz interior. Somente assim poderemos enxergar o que nossos olhos físicos não podem ver e reconhecer o estado de perfeita alegria que é nosso por herança natural.

Não estamos separados. Não estamos sós, nunca estivemos e nunca estaremos. A ilusão de que possamos estar é, na verdade, o que temos de perdoar. Precisamos perdoar as nossas ilusões, o mundo por ser como é e a ideia de que Deus criou este mundo insano. Precisamos perdoar a nós mesmos por estarmos tão equivocados e iludidos a respeito de tudo, por pensar que podemos fazer do outro um instrumento de nosso julgamento, por pensar que posso transformar o que Deus criou – imortal, imutável, perfeição pura – em um personagem sofredor, só, egoísta, manipulador.

Todos os nossos cenários servem para que nos demos conta de que somos os deuses deste mundo, nunca sua vítima. Aquilo que experimento é aquilo que desejo que ocorra em um nível subsconsciente, em um extrato profundo da consciência onde está ativada a culpa. O caminho do perdão requer de nós, unicamente, a disponibilidade de soltar e o desejo profundo de paz.

Não sabemos nem por onde começar

Olhar as coisas de outra maneira pode, na maioria das vezes, não ser tão simples. Estamos tão acostumados a seguir o roteiro do ego e sua versão para nosso sofrimento e conflitos que pensamos não haver outro jeito. O perdão que o Curso nos ensina é um ensinamento não dual, e isso faz com que nossa mente dicotômica não consiga entender a princípio. Resistimos firmemente a soltar o pensamento dualista e os "benefícios" que ele nos traz. É muito normal, nesse caminho, eu ouvir frases como: "não vou conseguir, isso é difícil, é muito complicado, não entendo como perdoar, isso não dá para mim..." Tudo isso são defesas do ego, pois ele vai fazer de tudo para nos manter afastados do verdadeiro perdão.

Não é necessário que nos preocupemos com isso, apenas que tomemos consciência de nossas próprias resistências. Se não entendemos o perdão ou se não conseguimos aplicá-lo é por nosso próprio desejo de manter o conflito ativo. De alguma maneira, ainda estamos escolhendo sofrer. De qualquer forma, há um momento em que decidimos dar um basta, em que decidimos parar de sofrer e nos conectar com nossa vontade autêntica de paz. A partir de nossa escolha consistente pela paz, todas essas barreiras irão cair. Nossa mente estará aberta para receber a voz da Inteligência Espiritual, e todos os pensamentos amorosos de vida, ressureição e paz que jamais tivemos começarão a brotar durante nossa prática consistente do Perdão.

A princípio, o perdão opera no específico, em cada pequena mágoa – vale lembrar o primeiro princípio dos milagres: "não existem ordens de dificuldade em milagres" –, em cada perda de paz, em cada ressentimento. Muitas vezes, principalmente quando estamos começando, ainda vamos pensar que o perdão não está funcionando; isso acontece porque ainda queremos ver os efeitos do perdão no mundo lá fora. O perdão não tem nada a ver com o mundo da forma, ele acontece na mente. Posso garantir que ele sempre funciona.

Começamos o processo olhando para dentro, reconhecendo nosso sentir, nosso estado mental de conflito. Reconhecendo que estamos sofrendo, ansiosos, raivosos, angustiados, magoados, que essa energia é o resultado de uma escolha equivocada, a escolha de nos unirmos ao programa mental de conflito – ego. Depois de entrarmos em contato, muito honestamente, com o que sentimos, podemos escolher outra vez, e esta é a decisão mais importante que podemos tomar: "Não quero mais fomentar essa energia. Não quero mais esse tipo de pensamento dominando a minha mente. Quero a minha herança natural, a paz perfeita". Esse é o passo inicial para que o processo de perdão se inicie. É um gesto extremamente poderoso.

Se continuamos a negar o que sentimos, se deixamos para lá, se fazemos de conta que não estamos incomodados, não podemos dar início ao processo de cura e liberação da mente. Esse processo requer profunda honestidade consigo, e a avaliação é simples: estou em paz perfeita ou tenho coisas a perdoar.

Deixar de negar o sentir e sentir o que sentimos sem culpa, este é o início de nosso treinamento. Reconhecer quando estamos ansiosos, infelizes, tristes e com raiva é o primeiro passo para que possamos nos abrir a um outro jeito de olhar para o mundo.

Exercício de consciência

Reconheço que não estou em paz.
Observo meu sentir.
Me permito sentir.
Não julgo, não rejeito, não condeno, apenas sinto o que sinto.
Não coloco nomes no meu sentir.
Me faço presente.
Sinto.

IEs, faça com que eu me lembre que...

O Perdão é uma ponte que nos leva de uma mente agitada e conflitiva para uma mente em Paz.
Ele começa com uma decisão: a decisão de parar de sofrer.
O momento de tomar essa decisão sou eu quem escolhe.
O Perdão é o bálsamo que vem para corrigir e sanar minha falsa e doentia percepção.
O Perdão me libera da prisão que eu mesmo inventei.
Decido perdoar e ser feliz.

20
O PROCESSO DE PERDÃO

"Eu nunca estou transtornado pela razão que imagino, porque estou constantemente tentando justificar os meus pensamentos. Estou constantemente tentando fazer com que sejam verdadeiros. Faço com que todas as coisas sejam minhas inimigas para que a minha raiva seja justificada, e os meus ataques, autorizados. Ao lhes conferir esse papel, não reconheci o quanto tenho usado equivocadamente todas as coisas que vejo. Tenho feito isso para defender um sistema de pensamento que tem me ferido e que eu já não quero mais. Estou disposto a abandoná-lo"
(*UCEM* L-pI.51.rev 5.5:2-7).

Chega uma hora em que você não aguenta mais e decide: "não quero mais isso para mim! Não quero mais pensar dessa maneira, não quero mais essa energia, não quero mais sentir isso que estou sentindo, não quero mais sofrer. Quero paz em meu coração. Sei que para isso é necessário mudar minha percepção, meu jeito de interpretar e julgar a tudo e a todos". É nesse momento que você deixa de querer ter razão e escolhe ser feliz. Que quer verdadeiramente experimentar uma mudança de mentalidade, cruzar a ponte que vai do medo ao Amor. Assim começa o processo de perdão que o Curso ensina.

O ego é a falsa percepção, a crença de que podemos estar separados do Amor. Com o ego, damos realidade a um personagem em detrimento de nossa verdadeira identidade em Cristo. Olhamos para fora e vemos um mundo, sem perceber que o mundo está em nossa mente. Com o ego, aprendemos a consertar as coisas ao nosso modo, ali fora, onde tudo parece estar acontecendo. De alguma maneira, já percebemos que isso não está dando certo e que o mundo não tem conserto, que somente o perdão poderá nos tirar desse labirinto de ilusões onde parecemos estar perdidos. Somente o perdão verdadeiro tem o poder de nos salvar, pois é um processo de desfazer desse sistema de pensamento de conflito, de desaprender a forma como vemos o mundo, as pessoas. O perdão é o discernimento entre o real e o ilusório.

Pode ser que pareça um tanto difícil, irreal, a princípio, mas existe em nós algo muito mais forte do que nossas resistências e medo, algo que não nos deixa ficar acomodados. Se prestarmos atenção ao nosso coração e à sua ânsia profunda de paz, reconheceremos esse desejo profundo de amar, de cura, de parar de sofrer, a ânsia de unidade. É a conexão com essa Vontade autêntica que nos faz escolher o Perdão.

Sim, o Perdão é a decisão de deixar de sofrer, uma escolha por algo muito maior do que nós. O conflito é automático, pois a necessidade de defesa e ataque que vem da culpa inconsciente gera constantemente situações de conflito. Para sair desse ciclo, para que nossa percepção seja corrigida, precisamos escolher uma nova maneira de pensar. Escolher a compreensão, escolher pedir ajuda a um outro sistema de pensamento, a Inteligência Espiritual, que tem a Sabedoria e o discernimento necessários para que possamos gradativamente começar a considerar nossa Realidade Divina. Devemos soltar a crença de que nascemos para morrer e começar a considerar que somos eternos e infinitamente amorosos. É justamente para esse reconhecimento que nos leva o perdão verdadeiro.

Nossa mente dual resiste ao perdão não dual, por isso, muitas vezes, professores do Curso se utilizam de passos para facilitar o processo. Não que tenha que ser em uma determinada ordem, mas, para tornar o processo um pouco mais didático, vou apresentar a seguir alguns enfoques para a prática cotidiana do perdão verdadeiro. Estão baseados no conteúdo da formação de perdão da Asociación Conciencia, de Madri. Alterei um pouco para que faça sentido no contexto deste livro. O que não podemos nos esquecer de destacar é que sendo o perdão holográfico, não existe maneira certa de começar e terminar. Esses enfoques são apenas lembretes e facilitadores da prática.

1º enfoque: reconheço que não estou em paz

Existe um conflito em minha mente.
Não estou em paz.
Não faço de conta que está tudo bem, que isso não me atingiu.
Não rejeito esse momento com tudo que ele me traz.
Meu sentir me avisa que estou sofrendo.

Aqui é muito importante fazermos uma observação. Aprendemos no Curso que não existem graus nem níveis de sofrimento, que um não é maior ou menor do que outro, não existe meia Paz, ou um pouco de Paz; ou estamos em Paz, ou sofrendo; ou estamos ouvindo a Inteligência do Amor, ou o ego. É como gravidez, ou você está ou não. Ou estamos no Amor ou no medo; não existe meio-termo, o Curso nos ensina que é tudo ou nada.

"Não escondas o sofrimento da Sua vista, mas, com contentamento, traze-o a Ele. Dispõe diante da Sua eterna sanidade tudo o que está ferido em ti e permite que Ele te cure. Não deixes nenhum ponto de dor escondido da Sua luz e procura com cuidado em tua própria mente quaisquer pensamentos que possas ter medo de descobrir. Pois Ele curará todos os pensamentos, por menores que sejam, que tenhas guardado para ferir-te e os limpará de sua pequenez, restaurando-os à magnitude de Deus" (*UCEM* T-13.III.7:3-6).

O ego é perito em nos fazer esconder o sofrimento. O mundo hoje, por meio das redes sociais, nos apresenta uma felicidade de aparências. Os *apps* usados para manipular fotos nos deixam lindas e jovens, transformam paisagens em lugares paradisíacos, deixam você sozinha em lugares atulhados de gente para dar a falsa impressão de que existe calma e tranquilidade nesses passeios. É um mundo falso, de imagens e sentimentos falsos. É a negação da suposta realidade catastrófica em que estamos vivendo, a negação da velhice, da decadência e da superpopulação.

O fato é que o primeiro passo do perdão exige honestidade, pois é a partir dela que o processo se inicia. Nada de faz de conta, de deixar para lá, de colocar a sujeira embaixo do tapete. Tudo começa pelo reconhecimento do ponto A. Onde estou? Como estou? A resposta honesta e sincera, aceitando a energia emocional sem querer geri-la, negá-la ou abafá-la.

O mundo nos ensina que um fator de inteligência emocional é saber controlar e gerir as emoções. Isso pode nos ajudar momentaneamente, mas, em geral, faz com que entremos em negação. Como quando não nos permitimos ficar tristes, por exemplo, e fazemos de tudo para sair da tristeza. Atulhamo-nos de trabalho, buscamos ajuda em antidepressivos, fazendo de tudo para não sentir. Sabemos que não estamos bem e, normalmente, atribuímos a coisas externas esse mal-estar, sem olhar para dentro. Ensinaram-nos que sentir é errado, feio, para os fracos, que sentir é perigoso, pois mexe com coisas guardadas em nosso interior.

A verdadeira Inteligência, a Inteligência Espiritual – a única Inteligência Real –, nos ensina que não precisamos ter medo de nossas emoções, de sentir aquilo que estamos sentindo. Se tentamos manipular nossos sentimentos, o que conseguimos é criar ressentimentos. Isso nos faz reviver constantemente as mesmas histórias, aquilo que não foi superado, liberado e perdoado. De repente, estamos afirmando: "poxa, isso sempre acontece comigo", mas não nos damos conta de que é apenas porque estamos julgando o presente com base em nossos ressentimentos.

Somente a honestidade com as nossas próprias emoções, sentindo o que verdadeiramente estamos sentindo, vai nos possibilitar aceitar a criança ferida. Recebemos a mensagem que vem do inconsciente, pedindo atenção e passagem. Quando negamos o que sentimos, fingindo, deixando para lá, acabamos projetando e culpando o outro pela nossa raiva, pelo nosso medo e pela nossa ansiedade.

O Perdão é um caminho de honestidade, de humildade, em que começamos a reconhecer que somos nós que geramos nossas experiências. Paramos de culpar o outro pelo que sentimos, deixamos todo o drama, toda a vitimização e nos permitimos sentir. O sentir é a via direta ao inconsciente. Enquanto o pensamento pode nos enganar, o sentimento nunca mente.

Aprender a reconhecer o que sentimos vai nos permitir reconhecer que, por trás de todas as nossas emoções, existe o medo. Este é um passo importante no processo de perdão: reconhecer o medo para poder dizer: "quero ver de outra maneira, quero me libertar. Não sei perdoar, contudo, estou disposto a aprender".

2º enfoque: tomo a responsabilidade

*"Eu **sou** responsável pelo que vejo. Eu escolho os sentimentos que experimento e eu decido quanto à meta que quero alcançar. E todas as coisas que parecem me acontecer, eu as peço e as recebo conforme pedi. Não enganes mais a ti mesmo pensando que és impotente diante do que é feito a ti. Apenas reconhece que tens estado equivocado e todos os efeitos dos teus equívocos desaparecerão"*
(UCEM T-21.II.2:3-7).

Sem assumir essa responsabilidade, não vamos a lugar nenhum. Aqui, precisamos ter claro o que o Curso nos ensina. Sempre, diante de qualquer situação, temos duas opções: seguirmos o jogo de dualidade do ego e continuarmos a projetar nossas emoções ou resgatarmos o poder e nos tornarmos responsáveis pelo que sentimos, pelo que experimentamos. Ou somos marionetes do ego ou voltamos para a Mente e reconhecemos que somos o arquiteto do sonho.

Não existe nada externo a nós, tudo é nossa própria alucinação. Nada externo pode nos machucar, nos ferir, nos fazer sofrer. Nada externo pode nos dar paz e alegria, nos trazer completude e abundância. O mundo nunca está nos condenando, é apenas o efeito dos pensamentos que sustentamos em nossa mente. Não somos um personagem, somos o próprio autor desse sonho.

A projeção é a tentativa de tirar de dentro de nós aquilo que consideramos depreciável e indigno. O fato é que não podemos perceber no outro aquilo que não conhecemos dentro, se percebemos injustiça, hostilidade, crueldade ou qualquer outra coisa é porque essas energias também estão dentro de nós. Quando projetamos no outro, sentimos que nossa raiva está justificada.

"**Não tenhas medo do ego.** Ele depende da tua mente, e, como tu o fizeste por acreditares nele, da mesma forma podes dissipá-lo, retirando a tua crença nele. Não projetes a responsabilidade pela tua crença nele em mais ninguém, ou preservarás a crença. Quando estiveres disposto a aceitar sozinho a responsabilidade pela existência do ego, terás deixado de lado toda a raiva e todo o ataque, pois esses vêm de uma tentativa de projetar a responsabilidade pelos teus próprios erros. Mas, tendo aceito esses erros como teus, não os mantenhas. Entrega-os rapidamente ao Espírito Santo de modo que possam ser completamente desfeitos, de tal modo que todos os seus efeitos desapareçam da tua mente e da Filiação como um todo" (*UCEM* T-7.VIII.5).

Parar de apontar o dedo em direção ao mundo e começar a assumir a completa responsabilidade, momento a momento, é condição imprescindível para a paz na mente. Durante todos esses anos de estudo do Curso, já cruzei com alguns maravilhosos professores. Lembro-me de um especificamente que era muito taxativo em determinados pontos e sempre dizia: "Tens que assumir sozinha a responsabilidade pela projeção". Demorei para compreender que isso é assim porque só existe um de nós, um único Ser, uma Mente em busca de si mesmo. A Via da Maestria nos ensina que é necessário chegarmos ao ponto onde seremos capazes de dizer: "eu fiz isso a mim mesmo, portanto, sou eu que devo corrigi-lo. Não há ninguém a quem culpar. O mundo é inocente".

Depois de reconhecer que sou mente, e não o personagem, passo a me responsabilizar pela projeção. Já sei que o que estou experimentando é o efeito de um pensamento projetado. Esse é um cenário do meu filme, e meu livre-arbítrio está em como vou olhar para ele. Entendo que ele foi concebido pela minha crença no pecado e é um roteiro insano, cuja base é o medo. O que a Fonte – Deus – poderia saber sobre ataque, mágoa, ódio e ressentimentos? Tudo isso é inconcebível para Ela, portanto, não pode ser Real. Só o Amor é Real, e eu posso, agora, pedir ajuda para recordar que somente meus pensamentos podem me ferir e causar dano. É a minha interpretação que me causa sofrimento.

Responsabilidade pela projeção não significa que você seja culpado pela sorte de coisas adversas e problemas que enfrenta. Esse é um ponto onde muitos estudantes se perdem e, ao invés de soltar a culpa, se sentem mais e mais culpados. Conforme vamos avançando na prática do Perdão, nossa consciência vai se ampliando para o entendimento de que responsabilidade é poder, e não culpa, assim como para o reconhecimento de que não somos esse ser pequeno com uma mente privada, somos o Ser, a Mente. Responsabilidade significa voltar para a Mente, deixar de reagir a tudo como personagens e nos assumir como roteiristas. Aqui, passamos a ser operativos.

Por intermédio do Tomador de Decisões em nossa mente, podemos escolher se vamos continuar fazendo o papel que o ego nos outorgou ou se vamos pedir para a Inteligência Espiritual dar um novo propósito a esse roteiro e a esse personagem que chamamos de eu.

3º enfoque: peço ajuda

A partir do momento em que paramos de jogar a culpa no outro ou no mundo e somos capazes de nos responsabilizarmos pelas emoções que sentimos e por aquilo que estamos experimentando, é hora de pedir ajuda. Sozinhos é impossível. Ou estamos dando ouvidos ao ego, ou estamos Servindo ao Amor. Não podemos ir por conta própria, pois, quando vamos por conta própria, estamos sendo úteis ao ego. Não sabemos como fazer esse processo e não entendemos para que serve coisa alguma. É necessário reconhecer com humildade que não sabemos para que serve esse cenário, o que sentimos e isso que experimentamos. É necessário nos rendermos. Soltar o controle e permitir que a Inteligência Espiritual que habita em nós, a Sabedoria Interna, o Espírito Santo, nos ajude a ter uma nova, íntegra e curada interpretação.

"Se conhecesses Quem caminha a teu lado no caminho que escolheste, o medo seria impossível. Não conheces porque a jornada para a escuridão foi longa e cruel e entraste profundamente nela" (*UCEM* T-18.III.3:2-3).

Gosto de pensar na Inteligência Espiritual como um Confortador, o Grande Poder amoroso e sanador que habita em mim. Uma Frequência Inteligente que sabe o que dizer, o que fazer e aonde ir. É um Poder ilimitado que traz perdão e alegria, que ilumina tudo em todas as horas. Um fluxo da Mente Divina que faz o amor renascer em cada coração.

Uma Sabedoria calma, doce, tranquilizadora, que sempre promove a Paz. Gosto de chamar de meu Guru. Incontáveis foram as vezes que me prostrei clamando por Seu socorro. Hoje, sinto a segurança de Sua Presença em minha vida. Há em mim algo que ninguém pode tirar, uma confiança serena e cheia de certeza de que o Divino mora em mim, ou melhor, que Eu moro Nele. Meu único trabalho é soltar o controle e permitir que o Amor seja o guia.

O corpo é neutro, podemos compará-lo, assim como o cérebro, a um *hardware*; é necessário um *software*, ou sistema, para que ele funcione. Estamos sendo repetidores de um sistema de pensamento de conflito, por isso é necessário que estejamos atentos quando pensamos e agimos por conta própria, pois apenas estamos sendo úteis ao ego. Sem ajuda, não podemos sair desse estado psicótico e alucinatório em que nos encontramos.

O perdão verdadeiro não pode ser feito por uma mente que está atolada até o pescoço no conflito, que quer ter razão, percebe problemas, injustiças e maldade por todo lado. Uma mente assim não sabe perdoar. É necessário Sabedoria e ter a Visão do Todo, entender o panorama mais amplo para poder perdoar. Por isso, pedimos ajuda à Inteligência Espiritual.

Assim, o ego começa a perder força, e o fazedor, a fonte do falso saber, o fabricador de julgamentos, o programa de conflito, começa a se desfazer. Quando pedimos ajuda ao Professor Interno, declaramos que não queremos mais ser ensinados pelo professor do medo, não queremos mais dar ouvidos ao sistema conflitivo de culpa que nos faz repetir sempre os mesmos roteiros. Estamos decididos a parar de sofrer, escolhemos ver as coisas de outra maneira, e para isso, nos rendemos: "mostra-me, neste momento, o que meus olhos treinados para ver a separação e o conflito não conseguem ver – o Milagre. Ensina-me a ver como Tu Vês".

Cada um encontra seu jeito de pedir ajuda e entregar. As palavras não importam, pois o que importa é a vontade autêntica de Paz, o desejo profundo de sair do conflito. "Quero ver a verdade!

Quero ver a inocência do meu irmão para que eu possa aceitar a minha".

A partir do momento em que decido sair do conflito e colocar minha fé no Amor, minha percepção se abre, e eu me esvazio de todo conteúdo egoico. Solto meus pensamentos e crenças limitantes e confio. Não espero que aconteça algo no mundo da forma. Confiança pressupõe aceitação profunda e sei que, quando projeto uma resposta, limito O Ilimitado. Nenhum pedido feito a partir da vontade autêntica de Paz fica sem resposta. O Perdão é sempre consumado, e o Milagre, sempre dado.

Quando nos abrimos a receber ajuda é porque já estamos dispostos a soltar todos os conceitos do que seria melhor ou pior, do que seria certo ou deveria acontecer. Permitir que a Inteligência Maior nos ensine é dar um salto de confiança e fé. É decidir entregar o pensamento limitante e os julgamentos.

Chega um momento de nossa jornada que não queremos esconder mais nada. O que eu poderia esconder do Amor? E para que esconderíamos? Sabemos o poder e a liberdade que reside em entregar tudo. Entregar o medo, as limitações e falsas percepções. Em conexão com nossa Essência, experimentamos a vontade profunda de soltar o personagem, não vemos mais nenhuma motivação para continuar com as máscaras, estamos dispostos mesmo a limpar todo o sótão e nos desfazer daquilo que nos aprisiona.

Existe um campo cuja Vontade profunda é derrubar as barreiras que impedem o Amor de brilhar, as resistências que nos impedem de Ser uma expressão do Amor no mundo da forma. Esse campo é a consciência. Como um lago onde vamos jogando pedrinhas que vão ressonando e formando um campo vibratório, ela vai nos mostrando nossas escolhas. Se acreditamos que algo pode acontecer por acaso, por sorte ou por destino, não reconhecemos a causa, a pedrinha, que sempre somos nós que jogamos, pois ela está em nossa mente. É necessário colocar causa e efeito sob a perspectiva correta. O Perdão acontece a partir do nosso desejo e da nossa decisão de que isso aconteça.

Estamos nesse caminho em que aprendemos a nos conectar com o coração, a reconhecer que já não queremos mais ter razão e nos apegar a falsas ilusões. Ninguém está nos impondo nada, estamos apenas entrando em contato com nossa autêntica vontade de cura e de Paz.

> "E o que chamas com amor virá a ti. O amor sempre responde, sendo incapaz de negar um pedido de ajuda ou de não ouvir os gritos de dor que se erguem até ele de todas as partes desse estranho mundo que fizeste, mas não queres. Tudo o que precisas para entregar esse mundo, trocando-o com contentamento pelo que não fizeste, é a disponibilidade para aprender que o que fizeste é falso" (*UCEM* T-13.VII.4:2-4).

Só podemos entregar se primeiro assumirmos a responsabilidade pela projeção. Eu sou responsável pelo que penso, sinto e percebo e não quero mais isso para mim, não sou uma vítima do mundo. Agora, resgato meu poder como Tomador de Decisão e libero, solto, confio, entrego. Sei que não é meu personagem que está entregando. Enquanto personagem, não tenho poder, sou uma marionete do sistema. Quem entrega é a parte da minha mente que escolhe entre o verdadeiro e o falso, o meu Tomador de Decisões. O que eu entrego? O meu sonho, minhas histórias e interpretações.

A lucidez que a entrega vai nos dando permite que possamos entrar em contato com o conteúdo de nossas projeções. Logo, vamos poder reconhecer que o medo (que vem da culpa) está simbolizado em todos os conflitos e problemas que encontramos. Essa tomada de consciência é a base para que possamos entregar o medo. Uma das coisas que mais gosto no Curso é como sua mensagem pode ser simples e direta.

Em meio a qualquer conflito, é importante que façamos um discernimento:

* Penso que estou irritada com minha mãe, mas posso me lembrar que, por trás dessa irritação, existe medo.

* Penso que estou triste por ter acontecido aquela tragédia, mas posso me lembrar que o que estou sentindo por trás da tristeza é medo.

* Penso que estou enojada com os políticos corruptos, mas posso me lembrar que somente existem duas emoções, portanto, meu nojo esconde um profundo medo.

Assim, o medo inconscientemente guardado, negado e projetado vai gradativamente se tornando consciente, para que possa ser entregue e substituído pelo Amor.

Reconhecer e entregar o medo, o personagem, o julgamento, aquilo que fizemos do outro. Soltar o controle, a luta, o sofrimento. Entregar tudo que é falso, todas as ilusões, os cenários que fabricamos. Entregar o sentir, aquilo que não gostamos no outro, aquilo que nos irrita, que nos faz sofrer, nossas inquietações, dúvidas, angústias – todos os símbolos do medo. Entregar, soltar confiar na Inteligência Espiritual, a Voz da Razão em nosso interior, a Inteligência Máxima que nos orienta e guia, um *coach* incrivelmente sábio – O Guru. Entregar é dar ao Espírito Santo para que Ele transforme todo medo em Amor.

> "Quando um irmão se comporta de maneira insana, só podes curá-lo percebendo nele a sanidade. Se percebes os seus erros e os aceitas, estás aceitando os teus próprios. Se queres entregar os teus ao Espírito Santo, tens que fazer o mesmo com os dele" (*UCEM* T-9.III.5:1-3).

Imperativo é reconhecer quando não estamos em paz, pois isso indica que estamos em guerra com o cenário, o momento e existe perdão a ser feito.

4º enfoque: aceito ajuda e agradeço

Não precisamos fazer nada! Somos tudo aquilo que buscamos, Paz, Alegria Serena – Amor. Não há nada que façamos que altere essa realidade, não há nada que deixemos de fazer que mude isso. Só precisamos aceitar a cura, o Milagre e a mudança de percepção. Talvez esta seja a parte mais difícil para nós: não fazer nada, apenas aceitar que o perdão está consumado.

Nossa mente dual e pequena duvida. É exatamente essa dúvida que faz com que o tempo seja necessário. O ceticismo exclui a possibilidade de experimentar a cura aqui e agora, pois ele é puro medo, e o medo despreza o Amor. Não que o Perdão não tenha acontecido; ele sempre acontece, pois não somos nós, com nossa mente egoica, nosso pequeno eu, que realizamos o Perdão. Nossa tarefa é apenas reconhecer, entregar, confiar, negar que qualquer coisa que não venha de Deus pode nos causar dano.

Aterrados pelo medo, não somos capazes de reconhecer a cura, e a Verdade fica velada para nós. É muito importante termos em mente que somente após reconhecermos o medo poderemos entregar, e que somos nós, com nosso incrível livre-arbítrio, os únicos responsáveis por sentir medo, portanto também somos nós, se quisermos viver sem medo, que temos o poder de nos livrarmos dele.

Um dia, uma pessoa me perguntou:

– E depois de entregar, o que acontece com aquilo que eu entrego?

Essa é uma preocupação do pequeno eu, do fazedor, daquele que não pode acreditar que exista uma Instância Mental de Paz, Sabedoria e Amor, um nível de Consciência onde as coisas que não são criadas pelo Amor desaparecem.

O perdão verdadeiro opera em um nível quântico, holográfico, atingindo todas as dimensões no tempo e espaço. Não está ao alcance de nossa mente dual avaliar o poder do Perdão. Ele encurta o tempo, nos liberta do ciclo de nascimento e morte, onde revivemos sempre as mesmas histórias.

Como não sentir gratidão quando nos damos conta de que a paz renasce mais e mais a cada dia? De que estamos nos curando, liberando nossa mente de um sistema de pensamento cruel? Às vezes, tenho vontade de gritar ao mundo: gratidão, gratidão, gratidão pela oportunidade de curar a minha mente, de me libertar dessa voz que insulta, debilita, julga, condena e faz sofrer. Gratidão por cada Perdão, por desaprender e desfazer o ego, por ter um novo olhar, a mentalidade aberta, confiança, paciência, generosidade, gentileza e ausência de defesas. Gratidão infinita por, em cada perdão, estar despertando para a realidade do meu Ser – Cristo –, amado, amoroso para sempre.

Resumo do Perdão

1. Reconheço que não estou em paz.
2. Assumo a responsabilidade.
3. Peço ajuda.
4. Aceito a ajuda e agradeço.

IEs, faça com que eu me lembre que...

Quando acredito na dor, na culpa, no sacrifício, que sou vítima e posso ser ferido, decreto que a culpa é real, e a inocência fica velada.

Se a culpa é real, o Perdão não é justificado.

Dei realidade ao mundo do ego, por isso preciso de ajuda.

Peço a Sua ajuda para reconhecer o que está por trás do mundo da forma.

Para reconhecer que somente o Amor é Real.

Somente através da Sua ajuda poderei reconhecer a inocência e a pureza do Espírito que permeia todas as coisas deste mundo.

Ajuda-me a soltar e deixar ir todos os sonhos loucos de separação.

Pensamentos de medo, angústia, ansiedade e depressão não são dignos do Filho do Amor.

Ensina-me a reconhecê-los em minha insanidade e entregá-los todos, um a um, para que Você possa desfazer.

Inteligência Espiritual, quero abrir a minha mente e seguir o Caminho que me indica.

Ensina-me o caminho mais curto, o caminhar mais leve, à medida que aceito os Seus ensinamentos e a Sua Visão.

Quero ser guiado a ver com os olhos do Amor.

21
O Perdão em um nível mais profundo

"O Espírito Santo não trabalha por acaso, e a cura que é Dele sempre funciona. A não ser que o curador sempre cure através Dele, os resultados vão variar. No entanto, a cura em si mesma é consistente, já que só a consistência está livre de conflito e só o que está livre de conflito é íntegro" (*UCEM* T-7.V.5:1-3).

Quando começamos a praticar o Perdão, por mais que, a princípio, não consigamos entender esse processo, a nossa mente vai se abrindo para compreender o que antes parecia impossível. As coisas vão ficando mais claras, exatamente como em uma manhã de neblina: parece que não vai haver sol e céu azul, mas, aos poucos, o nevoeiro vai se dissipando, e o Sol brilha com toda a sua intensidade. O que parecia muito complicado vai se tornando mais simples, e vamos entendendo como funciona o processo.

Conforme nossa mente vai se limpando, nos tornamos mais íntegros e conscientes da Unidade à qual pertencemos, passamos a ter uma relação e comunicação mais consistente e direta com a

Inteligência Espiritual. É praticamente imediata a identificação dos pensamentos que vêm do sistema de pensamento do ego, bem como a escolha em deixar de seguir suas orientações sobre como manter a mágoa e o conflito ativos, sobre como temos razão e somos vítimas.

As nossas resistências vão sendo derrubadas uma a uma, e os muros que nos separavam do Amor, nossa Realidade Imutável, vão sendo transpostos. Começamos a aceitar o Amor, a querer cada vez mais estar em Presença. Os Milagres se tornam naturais, ocorre uma mudança drástica de percepção, e onde antes víamos culpados, passamos a ver a inocência do Filho de Deus. Passamos a ter uma determinação férrea e não nos conformamos mais com menos do que a Perfeita Paz de Deus.

Aconselho essa prática para aqueles que já estão praticando o Perdão verdadeiro há um certo tempo e reconhecem que o desejo de Paz é maior que o desejo de conflito.

1° Sou o sonhador do sonho

Tudo está em minha mente. Não existe nada fora dela. Se continuarmos a achar que o problema está no outro, ou lá fora, não seremos capazes de nos libertar. Somos Um só Ser unidos ao nosso Criador; a separação não aconteceu, portanto, estou sempre diante de mim mesmo. É importante lembrar sempre que todo ataque é culpa projetada lá fora, portanto, autoataque; nesse nível, o Perdão é sempre para nós mesmos.

Na qualidade do perdão verdadeiro, sabemos que somos a Mente e que sempre estamos experimentando aquilo que desejamos experimentar, nada mais, nada menos. Não somos o personagem na tela que necessita ser especial, somos o roteirista desse filme. Todo drama que esse filme contém e que o personagem experimenta nesse momento decorre da culpa inconsciente causada pela crença na separação, que, em realidade, nunca aconteceu.

Como algo que não tem causa pode existir? Se a culpa não existe, tudo não passa de uma ilusão, um grande erro de percepção, um desvio cognitivo, por isso o Perdão pode acontecer.

2° Lembro-me da Verdade

Somos criados pelo Amor como Ele mesmo e não podemos ser feridos, nem ferir, a não ser em sonhos. É hora de despertar, de negar que qualquer coisa que não venha do Amor possa nos atingir. Somos inocentes, um único bebê acordando de seu pesadelo, por isso perdoamos uns aos outros.

Não vamos mais dar ouvidos ao ego, nem acreditar que nossa realidade é o mundo da forma. Estamos dispostos a ver de outra maneira, a ir além das aparências, soltar os ídolos, deixar de reforçar a separação.

Deixamos de valorizar os graus e níveis, reconhecemos que não há hierarquia de ilusões. Todas são igualmente irreais, derivam da culpa que não tem causa. É necessário discernimento; perdoar é discernir entre o falso e o Verdadeiro e depende de nossa decisão agora.

3° Aceito a cura com gratidão

Aceitar o desfazer da culpa, a Expiação, vem da decisão de parar de sofrer. De escolher se unir com a Inteligência Espiritual e de deixar de ser vítima. É o resgate do poder e a volta para a Mente; é o reconhecimento de que o medo é uma fabricação da nossa mente; é a confiança na Visão do Amor. Unimo-nos ao Poder Maior que habita em nós e aceitamos que Somos Um Só Ser, eternamente Amados e inocentes. Aqui, não existem mais dúvidas. Confiamos no Amor, confiamos no processo, confiamos que, ao escolher perdoar, recebemos a cura.

Chegará um instante em que reconheceremos que, em verdade, não há, nunca houve, nem nunca haverá nada para perdoar. Somos Inocentes!

22
A JORNADA SE TORNA UMA ORAÇÃO

"A oração não tem começo nem tem fim. É uma parte da vida. Mas, ela, de fato, muda em sua forma e cresce com o aprendizado, até atingir o seu estado além da forma e se fundir na total comunicação com Deus" (UCEM C-1.II.1:1-3).

Já não me ponho mais a rezar, apenas ouço o canto silencioso de Paz e Amor que flui sem parar. Já não encontro nada para pedir, porque reconheço que tenho tudo na perfeição deste momento. Qualquer pedido em forma de oração que eu pudesse fazer colocaria limitações na benevolência e graça que flui incessantemente, mas nem sempre foi assim.

Fui criada em uma família católica. Costumávamos rezar todos os dias. Quase sempre nossa oração era um pedido, ou um agradecimento por algo que havíamos conquistado, pela saúde, por termos comida e uma vida boa. Eu acreditava que orar era repetir uma das tantas orações que aprendi na Igreja, um Pai-Nosso ou Ave-Maria, ou formular a oração com minhas palavras, sempre para um Deus fora de mim. Rezar era um meio de dizer a Ele o que eu precisava e que estava fazendo a coisa certa.

Não tinha a menor ideia do quão presa ao mundo da forma eu estava e do quanto, consequentemente, minhas orações refletiam esse estado. Jesus nos ensina no Curso, no panfleto "A canção da Oração", que esse é o degrau mais baixo de oração, onde se encontra velado o medo da perda, da doença, da dor, de ser julgado, rejeitado, da escassez e da morte. O medo está sempre por trás da necessidade de pedir coisas ou saúde e de agradecer por coisas, pessoas e situações.

> "Nestes níveis, a oração é meramente um querer nascido do senso de escassez e falta" (*UCEM* C-1.II.1:1-5).

Eu pensava que rezar fosse isto: dedicar alguns momentos a recitar palavras a Deus, pedir coisas, saúde, agradecer por coisas, pessoas e atitudes em um determinado momento do dia e, no restante do tempo, fazer o que eu tinha de fazer, sem pensar mais naquilo. Hoje, sei que rezar vai muito além disso. Estou consciente que passamos milhares de anos aprendendo com a mente conflitiva a nos separar do Amor. Agora, temos de desaprender tudo que aprendemos. Não que esse tipo de oração seja errado, de forma alguma. Só que, hoje, sei que existe um nível de consciência elevado, que é a nossa realidade, no qual estamos em casa, em Deus. Nesse nível mental, não precisamos pedir por nada, nem agradecer por coisas externas, nesse lugar, ou nível de consciência, nos sentimos completos, nada está fora desse lugar de Paz, Alegria e Plenitude.

É incrível como temos sido tolerantes com os pensamentos que passam pela nossa cabeça. Como temos sido condescendentes com toda a sorte de pensamentos de ataque e que não vibram na frequência do amor. É necessário consciência e lucidez, não podemos baixar a guarda, devemos vigiar nossos pensamentos com o máximo rigor.

Oração é conexão, preenchimento, sentimento de pertencimento, é aceitar que temos tudo, aceitar o que está presente – a Verdade de Quem Somos. Isso transcende o mundo da forma e nos coloca em um nível de abstração, o nível da Inteligência Espiritual. Ela não opera aqui, no mundo da forma, pois atua em nossa Mente, corrigindo e desfazendo pensamentos equivocados com gentileza e paciência. Isso para mim é orar. Justamente porque vai, gradativamente, desfazendo a culpa inconsciente.

Tudo começa com o reconhecimento do medo, a disposição de entregar e pedir a correção. O medo não tem causa real, visto que a separação nunca aconteceu. Isso significa reconhecer que sou o único responsável pelo medo que sinto e que devo renunciar a ele consciente e consistentemente. Aceitar a correção em minha mente: "aceito o milagre que cura minha percepção falsa". Isso requer treino, disciplina e conexão com a vontade autêntica de Paz.

Quando a intenção está firmemente alinhada com o foco, o processo de despertar se acelera, pois acessar a Inteligência Espiritual vai nos levando a um lugar de maior poder. Não reconhecemos mais as coisas como caóticas, fora de ordem ou em desarmonia. Apenas sentimos que somos guiados por essa Inteligência e que tudo está em perfeita ordem e harmonia. Chegamos a um lugar onde não precisamos mais defender nossa opinião, nem buscar pessoas que concordem conosco. Simplesmente, estamos conscientes de nosso trabalho interior, focamos em uma profunda observação de nossos pensamentos e sentimentos. As coisas fluem e se sucedem sem que precisemos interferir, controlar ou julgar o que está ocorrendo. Não precisamos mais nos sentir culpados pelos cenários, nem orgulhosos por eles. Tudo acontece naturalmente, e quando perdemos o rumo, nos damos conta disso quase que imediatamente e retornamos. Reconhecemos com humildade, entregamos e perdoamos.

Chega um momento em que todas as resistências são abandonadas – entregues à Inteligência Espiritual –, a luta cessa, o julgamento e a negatividade se dissolvem. Reconhecemo-nos como o Campo de Consciência, onde tudo acontece. Tudo é entregue, absolutamente tudo, todos os desejos e a necessidade de controlar. Estamos em um estado de vigilância e comunicação interna constantes. Somos o Tomador de Decisão e voltamos a estabelecer o diálogo que nunca se rompeu com o Divino. É claro que, muitas vezes, ainda nos sentimos distantes e separados, por isso precisamos do Perdão e dos Milagres.

Lembro agora de um ensinamento profundo de nosso Irmão mais velho: "orai e vigiai". É isso que fazemos constante e ativamente. Quando você decide implementar práticas espirituais em sua jornada e passa a estar a serviço de uma Dimensão Superior e de uma Verdade Maior, avança desde os domínios do intelecto de ler e saber o conteúdo até o sentir, fazer e Ser. Eckhart Tolle adverte: "Deus é o próprio Ser, não um ser".

Não estamos buscando a Deus, pois Ele nunca foi perdido. Quando vencemos o medo, começa a surgir uma grande paz e serenidade. Isso resulta em um estado de Alegria que transcende à nossa compreensão. De repente, você se pega sorrindo mais frequentemente.

> "Para ser de todo o coração, tens que ser feliz. Se medo e amor não podem coexistir, se é impossível estar totalmente amedrontado e permanecer vivo, o único estado possível de forma total é o do amor. Não há diferença entre amor e alegria. Assim sendo, o único estado que é totalmente possível é o de total alegria" (*UCEM* T.5.I.2).

Tudo está profundamente conectado, não existe separação. Reconhecemos que nossos interesses não estão separados dos interesses de ninguém e que, à medida que perdoamos, elevamos nossa consciência e fazemos isso por toda a humanidade. Nossa oração já não é um pedido, tampouco uma súplica ou um agradecimento por algo específico. Reconhecemos que Somos Mente, Somos o Ser, por isso damos graças. Somos a gratidão.

Esse é um estado mental de meditação e de comunicação intermitente, em que estamos sempre nos relacionando conosco, abrindo nossa mente para receber com amorosidade todos os conteúdos que guardávamos a sete chaves no porão de nosso inconsciente. As coisas vão se revelando gradualmente, o inconsciente sobe ao consciente, e nós agradecemos imensamente por cada oportunidade de curar, de integrar aquilo que antes não podíamos aceitar em nosso interior. Somos gratos porque estamos sempre em uma sala de aula. O que posso aprender ou desaprender agora?

Com nossa mente voltada para os Milagres, somos canais milagrosos, dispostos a ouvir a Voz que fala por Deus – Inteligência Espiritual –, dispostos a crer que não existem erros no Universo, dispostos a ver o mundo de outra maneira, a pedir ajuda e orientação ao Amor, a seguir os desejos do coração, a ouvir o sussurro silencioso do Espírito. Nada nos desvia de nosso compromisso, estamos sempre a serviço da Inteligência Espiritual.

IEs, faça com que eu me lembre que...

Dentro de mim existe uma Vontade Imensa, Profunda e Autêntica de Amar. Ela aflora desde o meu interior.

É minha vontade autêntica de Paz e de Unidade. A vontade de despertar do sonho, de ser livre.

Ela vem brotando em silêncio, até não se conter mais, com uma força que me preenche por inteiro e se estende.

É o Ser Iluminado de Vida.

Uma Luz brilhante e potente, pura felicidade!

Nesse nível de consciência, não existem mais dúvidas e contradições.

Todo o medo se foi.

Só resta o Ser, Vivo e Puro.

Amor e Sabedoria se estendendo até o infinito para sempre.

23
O QUE IMPORTA É ESTAR NO CAMINHO

Despertar é o destino da humanidade. Estamos constantemente sendo atraídos pela Verdade. Não importa o quanto já andamos ou o quanto evoluímos e avançamos; o que realmente importa é estarmos no caminho.

"Esse Curso é um começo, não um fim. O teu amigo te acompanha. Tu não estás sozinho" (UCEM Prefácio, XVIII).

O *UCEM* nos lembra que o final de todas as coisas é certo, que já estamos em Casa, em Deus, que o Céu é aqui mesmo neste lugar, em um nível mental onde se acabam todas as ilusões. Isso significa que Somos Iluminados. Nossa meta com estas páginas não é atingir esse estado, que já se encontra em nós como puro potencial, e sim nos levar a reconhecer que, em um nível muito profundo, essa é nossa aspiração mais elevada.

Iluminação é igual Unidade: está presente, permeia todas as coisas, é nosso estado natural. Neste livro, trouxemos algumas chaves para que essa verdade deixe de ser algo distante e comece a fazer sentido. É um entre tantos outros livros que são como setas nos assinalando o caminho nesta viagem sem distância em direção ao Lar.

Estamos respondendo ao nosso próprio chamado ao despertar. Chegou o momento de soltar as velhas crenças e estruturas mentais. Se não soltarmos nossa velha maneira de pensar, permaneceremos aferrados a um sistema de pensamento caótico, virulento, que nos mantém aprisionados. Essa é a era da Inteligência Espiritual; já sabemos que a Verdade está dentro de nós e que, se aquietarmos nossa mente e formos consistentes em perdoar, Ela prevalecerá. Apesar do caos aparente, das dificuldades e de, muitas vezes, nos sentirmos incrédulos, tudo é absolutamente perfeito. Não existe nenhum outro tempo, nenhum outro lugar melhor para que possamos ReConhecer Quem Somos.

Então, mãos à obra! Despertar deixa de ser uma possibilidade e se torna um imperativo. Despertamos à medida que praticamos o perdão nos casos específicos. Nosso trabalho é reconhecer, deixar de nos apegar, deixar de resistir, nos entregar à Inteligência Espiritual, soltar todas as barreiras que nos impedem de Realizar o Ser.

Estamos sendo chamados à ação. Somente uma prática diária e comprometida vai nos ajudar a perceber e soltar a *matrix* em que projetamos nossos medos e culpas. Uma pergunta que podemos nos fazer é: o que poderia ser mais importante do que a Paz da minha mente? Começamos entrando em contato com nossa vontade autêntica de Paz. Soltamos todos os desejos vãos do ego, clareamos nossa mente, nos alinhamos com nossas aspirações mais profundas. Não no futuro, mas aqui e agora. As razões que antes encontrávamos para nos colocar na defensiva acabaram. Ao invés de nos sentirmos envergonhados das fragilidades e fraquezas humanas, nós as reconhecemos, integramos e entregamos. Passamos a reconhecer nossos verdadeiros interesses e a identificar o que nos faz felizes de verdade. Entramos em coerência e nos colocamos a serviço da Inteligência Espiritual.

A prática consistente do perdão verdadeiro nos leva a operar em um nível quântico, o nível do poder do Amor. Tornamo-nos observadores e tomamos consciência de que, à medida que estamos dispostos a usar os ensinamentos em nossa vida cotidiana, essa será a medida de nosso progresso. Observar a mente, permitir que a Inteligência Espiritual nos cure a partir de uma entrega profunda, constante, soltando o controle, liberando nossas resistências constantemente, é o nosso trabalho de consciência. Ilusões são ilusões, não precisamos lutar contra elas, apenas permitir que caiam uma a uma.

Cada escolha que fazemos em favor da Unidade/Amor nos aproxima mais e mais do Campo da Consciência Unificada. Quando nos rendemos à vontade da Inteligência Espiritual e pedimos orientação divina, saímos da *matrix* e passamos a fluir nesse campo quântico de infinitas possibilidades. De repente, recebemos um pensamento criativo que traz algo que eleva e colapsa todas as dimensões de tempo e espaço. Passamos a atuar em um nível de consciência que antes era apenas potencial, no qual os Milagres são naturais. Tudo acontece sem que precisemos nos esforçar ou colocar energia de força, pois o poder do Amor passa a operar.

De repente, um belo dia, nos damos conta de que as coisas são extremamente diferentes daquilo que pensávamos que fossem. Percebemos claramente o quanto a nossa percepção estava distorcida e nos damos conta de que estamos perdoando o pequeno eu, que atua na mesquinhez e na falta, se sente insuficiente, necessitado. Reconhecemos que absolutamente tudo que experimentamos até agora, cada instante vivido, cada experiência, todos os cenários, foram perfeitos porque nos trouxeram até aqui. Naturalmente, sentimos algo diferente dentro de nós. Uma presença de Paz indescritível, um silêncio que tudo abarca. Estamos nutridos pela Fonte Inesgotável de Graça e Amor; nos sentimos profundamente amados, sustentados, protegidos, valiosos, perfeitos e invulneráveis.

Chegará o dia em que o relógio deixará de correr, olharemos pela janela e reconheceremos que não existe nada lá fora, tudo está dentro de nós, Somos Mente, o Ser, o Todo. Estaremos consistentemente a serviço da Verdade. Não existirá mérito pessoal. O Amor fluirá como a Fonte Inesgotável na qual tudo ocorre de maneira natural. Os desejos pessoais serão totalmente entregues, e estaremos perfeitamente alinhados com os princípios espirituais.

O *UCEM* chama esse estado mental de Mundo Real. Nele existe uma certeza inabalável de que não há nada a temer, pois se reconhece verdadeiramente que o medo é uma ilusão. Esse é um momento de rendição, em que nos sentimos plenos, sabemos que Somos o Ser e que essa é nossa Realidade.

> "Não queres trocar os teus medos pela verdade, se essa troca é possível para ti através do teu pedido? Pois, se Deus não Se engana em ti, só podes estar enganado em ti mesmo. No entanto, podes aprender a verdade sobre ti mesmo com o Espírito Santo, que te ensinará que, como parte de Deus, qualquer engano em ti é impossível. Quando te perceberes sem autoengano, aceitarás o mundo real no lugar do falso que fizeste. E, então, o teu Pai inclinar-Se-á para ti e dará o último passo por ti, elevando-te até Ele" (*UCEM* T-11.VIII.15).

IEs, faça com que eu me lembre que...

Este é um momento de rendição.
Reconheço que somente existe uma Vontade: a sua.
Sou um aprendiz feliz e me coloco a Seu a serviço.

> "O que queres que eu faça?
> Aonde queres que eu vá?
> O que queres que eu diga, e a quem?"
> (*UCEM* T-pI.71.9:3-5).

Assim, dizemos Amém! Unidos em mente e coração, seguimos juntos nesta viagem sem distância rumo ao nosso destino final – o Ser.

IMPRESSÃO:

Santa Maria - RS | Fone: (55) 3220.4500
www.graficapallotti.com.br